主役は、ごちそうおにぎり
つまみにポテサラ、
シメのホットサンド

Tesshi
(@tmytsm)

18年間、平日は毎日
おにぎりを作っています

　はじめまして。Tesshiです。毎日のようにおにぎりを作り、写真を撮ってインスタグラムに投稿しています。夫はトレーラー運転手をしているので、仕事に持って行くおべんとうは、いつも片手で食べられるおにぎりです。夫のおべんとうのおにぎりを作るようになって、18年くらいになりますが、以前は、具がご飯の中心に入っているごくふつうのおにぎりを作っていました。それが7年前、当時高校生だった長男に「おべんとうを食べる時間がないからおにぎりだけでいい」と言われてから、ご飯とおかずがいっしょに食べられるようにと、ご飯におかずを混ぜ込んでにぎることにしました。それからというもの、おかずにするような具を何でもご飯に混ぜておにぎりにしています。
　おにぎりの写真をインスタグラムに投稿するようになり、せっかくだからと見映えがよくなるように工夫しているうちに、今のような具だくさんのおにぎりに。そんなおにぎりをインスタグラムで見た人たちからいつの間にか"#ごちそうおにぎり"と呼んでもらえるようになりました。
　よく、「具がたくさん入ったご飯をくずれないようににぎるにはどうしたらいいのですか」、「こつはありますか」などと聞かれますが、これは毎日のようにくり返しにぎっているうちに、手のひらが自然にちょうどいい力の入れ具合を覚え、具だくさんでもちゃんとまとめる感覚が手にしみ込んできているんだと思います。

ごちそうおにぎりが生まれるのは家族の中心のダイニングテーブル

　家の中でいちばん好きな場所はキッチン。家にいる時間の大半はキッチンで過ごしています。このお気に入りの空間を大きく占めているのが、20数年前から使っているパイン材のダイニングテーブルです。このテーブルはいつも家族の中心にありました。2人の息子たちが学生のころはこのテーブルで宿題をしたり、食事以外の時間にも家族でよくテーブルを囲んでいたものです。小さなきずやインクのあとなども思い出とともにいい風合いとなっています。

　どんどんと愛着がわいているこのテーブルで、今はインスタグラムに投稿する写真を毎日撮影しています。

　インスタグラムを始めたのは、息子たちが成長して家を出ていき、夫と2人暮らしになり、自分のやりたいことを少しずつ叶えていきたいと思ったから。まず英語を頑張りたくて、アカウントを作ったことがきっかけです。海外の方からの「いいね！」やコメントがうれしくて、調べながら英語やそれ以外の外国語で返信することもよい勉強になっています。

　英語の勉強が第一の目的でしたが、夫と2人だけになった食事作りのやる気を維持させるために、自らを追い込んで毎日投稿することにしています。

　そのおかげで、ごちそうおにぎりだけでなく、ポテトサラダ、ホットサンド、スープ、パスタなど毎日作っている料理の画像の投稿を楽しく続けられています。

左: 下ごしらえに使う調理器具は、ステンレスやガラス製のものを愛用。取り出しやすいよう、可動式の棚にまとめて収納しています。
中: 結婚したときに、ル・クルーゼの鍋を初めて買って以来、気に入った色や形の鍋を少しずつ買いたして、料理や作る分量によって使い分けています。
右: 少しずつ集めているファイヤーキングのマグカップ。お気に入りのカップでひと息つくお茶の時間はささやかな楽しみ。

インスタグラム（アカウント名@tmytsm）で「いいね！」の数が多い、「ごちそうおにぎり」のBEST 10を発表します。

（2018年1月31日調べ）

BEST **2**

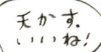

天かす、いいね！

BEST **3**

マヨネーズが決め手

『 梅干し天かす大葉の
　　おにぎり 』

梅干しはやっぱり根強い人気。天かすのコクと大葉のさわやかな風味が合わさってパンチのきいた味に。梅干しおにぎりの中でこれをいちばんよく作っています。

→ 作り方は24ページ

『 鮭とクリームチーズの
　　おにぎり 』

クリームチーズをマヨネーズであえてコクをプラスして鮭と組み合わせた、おすしのカリフォルニア巻きのようなおにぎり。新感覚の組み合わせで、女性や海外の方にウケているようです。

→ 作り方は31ページ

うちの No.1

BEST 4

「鮭と天かすのおにぎり」

うちの定番中の定番。頻繁に作るので、インスタグラムにもたびたび登場していて、実はBEST 10にも3日分がランクイン。だから具の種類別の「いいね！」獲得数では「鮭と天かす」がNo.1ということになります。

→ 作り方は31ページ

BEST 5

『 いり卵の
酢めしおにぎり 』

ふわふわの半熟のいり卵を仕上げに山盛りのせました。これは、作ってすぐに食べたいおにぎり。ちょっと甘めのいり卵が、酢めしにとてもよく合うんです。

→ 作り方は25ページ

BEST 6

『 梅干し&おかか菜っぱの
焼きおにぎり 』

焼きおにぎりも人気があります。大根の葉っぱを混ぜた、梅干しのおにぎりをこんがり焼きました。梅干しを焼くと酸味がまろやかになっておいしいんですよ。

→ 作り方は26ページ

とうもろこしと
チーズは
2大焼きおにぎりの具

ぜいたく

BEST 7

BEST 8

『ベーコンチーズコーン 大葉の焼きおにぎり』

インスタグラムではベーコン入りが大人気。コーンとチーズも混ぜて具がぎっしり。こんがりした焼き色が食欲をそそります。大葉の香りがアクセント。

→ 作り方は27ページ

『鮭とわかめの おにぎり』

焼き鮭といっしょに、わかめふりかけを混ぜて作ります。これは、鮭さえ焼けば常備しているふりかけを混ぜるだけなので、うちの定番です。

→ 作り方は31ページ

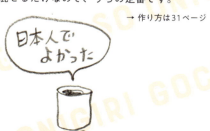

日本人で
よかった

BEST 9

『チーズおかか菜っぱの焼きおにぎり』

たっぷりのチーズに香ばしい焼き色がついた焼きおにぎり。シンプルだけど、しっかりとした食べごたえ。口に広がる濃厚チーズがたまりません。

→ 作り方は27ページ

BEST 10

『あぶり明太子と高菜のおにぎり』

明太子おにぎりは、ほぐした明太子をご飯に混ぜてにぎって、仕上げに1切れを帽子のように飾ればでき上がり。ピリッと辛口。

→ 作り方は27ページ

CONTENTS

パート1
主役は、ごちそうおにぎり

- 2　18年間、平日は毎日おにぎりを作っています
- 4　ごちそうおにぎりが生まれるのは
　　家族の中心のダイニングテーブル

- 6　いいね！　ごちそうおにぎりBEST 10
  - 1　ベーコン菜っぱ炒めでおにぎり
    作り方は22ページ
- 7
  - 2　梅干し天かす大葉のおにぎり
    作り方は24ページ
  - 3　鮭とクリームチーズのおにぎり
    作り方は31ページ
- 8
  - 4　鮭と天かすのおにぎり
    作り方は31ページ
- 9
  - 5　いり卵の酢めしおにぎり
    作り方は25ページ
  - 6　梅干し＆おかか菜っぱの焼きおにぎり
    作り方は26ページ
- 10
  - 7　ベーコンチーズコーン大葉の焼きおにぎり
    作り方は27ページ
  - 8　鮭とわかめのおにぎり
    作り方は31ページ
- 11
  - 9　チーズおかか菜っぱの焼きおにぎり
    作り方は27ページ
  - 10　あぶり明太子と高菜のおにぎり
    作り方は27ページ

- 18　**ごちそうおにぎりの基本の作り方**
  - 材料
  - にぎり方
  - 鮭と塩昆布のおにぎり

- 22　**おいしく作るアイデア8**
- 22　1　ご飯に炒めものを混ぜると、ボリュームが出て大満足
- 23　2　菜っぱを使えば、彩りも栄養バランスもよし
- 24　3　天かすを混ぜて、コクを加えると、おいしさがアップ
  　　4　梅干しは、ちぎってご飯に混ぜるから、食べやすい！
- 25　5　いり卵もおにぎりの具に使って、華やかに
  　　6　ご飯を酢めしにすると、おすしの味になって、
  　　　さらにごちそう気分♪
- 26　7　おにぎりをこんがり焼くと、
  　　　香ばしい、極上のごちそうに
- 27　8　帽子のように具をのせて飾ると、豪華な見映え

- 30　**王道の鮭は、グリルでしっとり蒸し焼きに。**
- 31　　鮭とクリームチーズのおにぎり
  　　　鮭とわかめのおにぎり
  　　　鮭と天かすのおにぎり
  　　　青のり入り鮭と天かすのおにぎり
- 32　鮭のごちそうおにぎり、具のバリエーション15
- 34　鮭＆野菜と常備食材のおにぎり
  　　　ごま油マヨ味の鮭おにぎり
  　　　鮭とスナップえんどうのおにぎり
  　　　鮭と大葉のごま油あえのおにぎり

- 鮭と菜の花のおにぎり
- 鮭と山東菜のおにぎり
- 鮭と赤しそのおにぎり

36 鮭&常備菜のおにぎり
- 鮭ときんぴらごぼうのおにぎり
- 鮭と油揚げの酢めしおにぎり
- 鮭の焼きおにぎり

38 **菜っぱがあれば、何でも ごちそうおにぎりに**

39
- ちりめん山椒と菜っぱ
- わかめと菜っぱ
- 甘辛ツナマヨ菜っぱ
- 明太子と菜っぱ
- 梅干しと菜っぱ

40 菜っぱおにぎりのアレンジ5選
- ひじき&桜えびの煮ものと菜っぱ
- ラー油昆布と菜っぱ
- 鮭と塩昆布と菜っぱ
- ごま油風味の梅干し塩昆布菜っぱ
- 豚肉と菜っぱ炒め

42 **主役の座をねらう 強力メンバー**

42 明太子
- 明太子&菜の花しらす炒め
- あぶり明太子と大葉

43 ハム
- ごま油マヨ味のハムと大葉
- ハムと塩昆布

44 ツナ
- ツナマヨとおかかオクラ
- 甘辛ツナマヨとコーン

45 チーズ
- チーズおかかと梅干し
- クリームチーズおかかと塩昆布

48 **ご飯とおかずが いっしょに食べられる パーフェクトおにぎり**

48 ベーコン
- ベーコンとセロリの葉っぱ炒め
- ベーコンとまいたけ炒め

50 豚
- 豚のしょうが焼きとコーン
- 豚の照り焼きとチンゲンサイ

52 鶏
- なす入り鶏みそ
- 照り焼きチキンとスナップえんどう

54 そぼろ
- 肉そぼろと大葉

55 にらたま
- にらたまソーセージ

56 野菜
- たけのこの煮ものときぬさや
- にんじんふりかけ

58
- 菜の花のおひたし&天かすとゆかり
- きぬさや&天かす昆布

60 **酢めしは 最高のつなぎ役**

61 きゅうり
- スモークサーモン&きゅうり&クリームチーズ
- あぶりたらこときゅうり

62 いり卵
- えびたまマヨ
- いり卵と大葉
- いり卵とにんじん
- いり卵とスナップえんどう

64 ツナマヨ
- 甘辛ツナマヨと大葉
- ツナマヨわさびと大葉
- ツナマヨとスナップえんどう

66	きんぴら&煮もの
	● 油揚げの煮もの
	● きんぴられんこん
68	ベーコン&ソーセージ
	● ベーコン菜っぱコーン
	● ソーセージとはくさい菜
70	肉おかず
	● ハンバーグとチーズ
	● 鶏のから揚げとコーン

72　香ばしさもごちそう、焼きおにぎり

72	● とうもろこしの焼きおにぎり
73	● おかか菜っぱ入り とうもろこしの焼きおにぎり
74	● あぶり明太チーズマヨ
75	● 明太マヨ&チーズ
76	● ベーコンチーズ菜っぱ
	● 肉そぼろとチーズ
77	● カレー味のチーズおかかコーン
	● ちりめん山椒とゆかり

78　色は地味でも味はとっておき 炊き込みご飯のおにぎり

78	● ツナと昆布
80	● たけのこと大豆と大葉
	● 豆と昆布
81	● とうもろこしとおかか
82	● 栗の香ばし焼き

パート2
つまみにポテサラ、シメのホットサンド

84　ポテトサラダは たっぷりのゆで卵入り

85	● ふつうのポテトサラダ

86　いろんな具材で楽しむ、つまみのポテトサラダ

86	■ 明太子ポテトサラダ
87	■ ごろごろポテトサラダ
	■ カレー味のポテトサラダ

88　ポテトサラダの次の日の楽しみ、シメのホットサンド

88	■ ダブル卵の明太ポテサラホットサンド

90　シメのホットサンド コレクション

90	■ チーズオムレツ&ポテトサラダのホットサンド
	■ ごろごろポテトサラダのホットサンド
	■ カレー風味ポテトサラダのホットサンド
91	■ トマトソース入りオムレツのホットサンド
	■ ダブル卵とチーズとハムのホットサンド
	■ 卵サラダ&酢玉ねぎのホットサンド
	■ ゆで卵とハムとキャベツのホットサンド

92　お気に入りの スペシャルホットサンド

92	■ ベーコンポテトパイ風
93	■ チョコバナナカスタード

Tesshi's kitchen

28 ご飯は大好きな鋳物琺瑯鍋で炊いています
　　ご飯の炊き方
　　ご飯を炊くときのお気に入りグッズ

46 大好きな卵も具にして、
　　W主役の最強ごちそうおにぎりにしています
　　● いり卵と明太子と塩昆布のおにぎり
　　● いり卵と鮭のおにぎり
　　● いり卵とあぶり明太子のおにぎり
　　● いり卵とごま油マヨ味のハムおにぎり
　　いり卵の作り方

59 おべんとうに持って行くときは、
　　全体をのりでくるんでしまいます。
　　中身は食べてのお楽しみです

　　おにぎりランキング
35 夫の好きな鮭おにぎりBEST 10
94 夫の好きなごちそうおにぎりBEST 10

---

94 いつも、ありがとう
95 ごちそうおにぎりギャラリー
　　● 鮭とブロッコリーのバターしょうゆ炒め
　　● 鮭と青のりと紅しょうが
　　● いり卵と天かすと菜っぱ
　　● 甘辛ツナマヨセロリ炒め
　　● スモークサーモン&セロリ&紅しょうが

この本を使う前に

- 米の計量は、1合(180mℓ)カップを使用しています。
- 大さじ1＝15mℓ、小さじ1＝5mℓ、1カップ＝200mℓです。
- この本で紹介するおにぎりの作り方のご飯の分量はすべてご飯茶碗多めの1杯分(180g)で、おにぎり3個分です。
- 各おにぎりの具によっては、ご飯に対してぴったりの量ではなく、作りやすい分量で作り、必要な分だけ(適量)を使うというものがあります。
- プロセスチーズは1個15g、クリームチーズは1個18gの個包装のものを使用しています。
- めんつゆは、希釈用をそのまま使用しています。
- 甘塩鮭、梅干し、明太子、ベーコン、ハム、塩昆布など、おにぎりに使う食材は、商品によって塩分量が異なりますので、塩やしょうゆなどの調味料は加減して使用してください。
- 魚焼きグリルは、両面焼きのものを使用しています。片面焼きの場合は、途中で返してトータルの焼き時間は長めにしてください。
- 焼くときに使うアルミホイルは、くっつかない加工のものを使用しています。
- 火加減は特に記載がないものは、中火です。

デザイン・イラスト	片桐直美(notes)
イラスト(キャラクター)	長嶋五郎
撮影	鈴木泰介
	Tesshi(@tmytsm)
調理アシスタント	鈴木綾子
校正	麦秋アートセンター
編集	春日井富喜

パート1

主役は、
ごちそうおにぎり

ふつうの食材、いつもの調味料で
作り方もシンプルだけど、具だくさん。
おかずとご飯がいっしょになった
見映えのいいごちそうおにぎりを、めしあがれ！

ごちそうおにぎりの 基本の作り方

いちばんよく具に使う鮭のおにぎりの中で、鮭のほかに塩昆布があればできる「鮭と塩昆布のおにぎり」を例にあげて「ごちそうおにぎり」の材料、組み立て、作り方を解説します。

材料

ご飯

炊きたてのご飯
茶碗多めの1杯分（180g）

ご飯は、炊きたてものが理想です。温かいご飯で作ると、お米の粒をつぶさずにまとめられるので、食べたときにお米の粒がふわっと口の中でほどけるようなおにぎりができます。

※さめたご飯を使うときは、電子レンジで温める。

＋ 具の材料

甘塩鮭の切り身を焼いたもの
1切れ（約60g）

すぐ食べるときは
うす味で
大丈夫

塩昆布
大さじ½

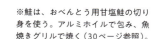

※鮭は、おべんとう用甘塩鮭の切り身を使う。アルミホイルで包み、魚焼きグリルで焼く（30ページ参照）。

＋ ごま

白いりごま
大さじ½

ごまも混ぜて
香ばしさと
歯ごたえを
プラス

＋

考え方は、ふだんの食事の
ご飯 ＋ おかず

　ごちそうおにぎりは、ご飯に「具の材料」を混ぜ込んでおにぎりにします。具の量は、ふだんの食事（朝ごはんくらい）のときに食べるおかずの量が目安なので、ふつうのおにぎりよりもぐっと多め。だから、おにぎりだけでもご飯とおかずをいっしょに食べるのと同じように満足できます。

　おにぎりの大きさはそれほど大きくありません。茶碗に多めの1杯分のご飯で、おにぎりを3個作るので、1個あたりのご飯の量はだいたい60gです。

仕上げの材料

焼きのり（全形）½枚
（縦に半分に切る）

白ごま
すりごま適量
いりごま適量

4等分に切った帯状のものを2枚使う。切るときは、のりを半分に折り、折り線に沿って手でちぎる。

ごちそうおにぎり 3個＝1人分

1　2　3

こんなイメージ

●この本に掲載するおにぎりは、具の材料以外の、ご飯、ごま、のりの分量とおにぎりの大きさは共通です。

にぎり方

手のひらでご飯をやさしく包んで三角に

ご飯をにぎるときはふんわりやさしく手のひらでご飯を包むようにします。これは炊きたてのご飯で作れば、自然にできることかもしれません。ご飯が熱いと、手を止めて持っていられないので、手早くまとめて角を回転させることができ、力を入れすぎることなく、短時間で三角形ににぎれます。味のついた具を混ぜることで、ご飯全体に塩分が加わるので、手に塩をつけたり、手水に塩を入れたりしなくてもすみます。

1 ご飯に「具の材料」と「ごま」を混ぜる

2 にぎる

角が手前に回転するよう3〜6回ころがす

START >>

深皿またはボウルに、ご飯、ほぐした焼き鮭、塩昆布、いりごまをざっくり大雑把に混ぜ合わせる。

両手のひら全体に手水をつけて、1のご飯の1/3量ずつを両手でふわっと包むようにして三角形ににぎり、おにぎりを作る。大きめの具が外側にくるようにすると、見映えがよくなる。

力を入れず手でふわっと包む感じ

📷 インスタ映えするにぎり方

具だくさんのご飯だと、うまくにぎれないという方のために、失敗なく見映えのいいおにぎりができる裏技を紹介します。

裏返して

はりつける

芯のおにぎりに、表にしたい面をはりつける

1 半量くらいのご飯でひとまわり小さい三角おにぎりを作る。これが芯になる。いったん置いておく。
2 残りのご飯を手のひらに広げてのせ、大きめの鮭をのせて表にしたい面を作る（写真左）。
3 表にしたい面を反対の手に移して（裏返す）、芯のおにぎりを手に持ってはりつけ、上の要領で三角形ににぎればでき上がり。

鮭と塩昆布のおにぎり

材料（3個分）

- 炊きたてのご飯
    …茶碗多めの1杯分（180g）
- 具の材料
    甘塩鮭の切り身（約60g）を焼いたもの…1切れ
    塩昆布…大さじ½
- 白いりごま…大さじ½
- 焼きのり（全形）…½枚（19ページ参照）
- 仕上げ用の白ごま（すりごまといりごま）…適量

準備：「具の材料」を準備する。ここでは、鮭を焼いてざっとほぐす。
※鮭の焼き方は、30ページを参照

にぎり終わり

3 のりを巻く

のりを一辺だけに巻く。

でき上がり！

すりごまといりごまをばらり。

のりはこれで3個分

1個目 / 2個目 / 3個目

のりは手でちぎったほうがおいしそうに見える！

ごまのダブル使いが私流
すりごまをひとふりしてから、いりごまをひとつまみ飾れば、ごちそうおにぎりのでき上がり！

おいしく作る
アイデア8

みなさんに人気だったおにぎりのレシピとともに、どんな具を使って、
どのように味つけするのかのアイデアを、ご紹介します。

1

ご飯に炒めものを混ぜると、ボリュームが出て大満足

ベスト1に輝いた「ベーコンと菜っぱ炒めでおにぎり」のようにご飯とおかずがいっしょになったおにぎりは、ボリュームがあり、しっかりした食べごたえ。こんなふうに炒めものや煮ものなどのおかずをおにぎりの具にすると、おべんとうがおにぎりだけでも満足できます。ご飯に混ぜるおかずはにぎりやすいよう材料を細かく切って作ります。

ほぼ実物大！

『ベーコン菜っぱ炒めでおにぎり』

材料（3個分）
- 炊きたてのご飯…茶碗多めの1杯分（180g）
- ベーコン菜っぱ炒めの材料
  - ベーコン（ブロック）…40〜50g
  - 大根の葉…約15g
  - ごま油…適量
  - 塩…適量
  - こしょう、しょうゆ…各少々
- 白いりごま…大さじ½
- 焼きのり（全形）…½枚（19ページ参照）
- 仕上げ用の白ごま（すりごまといりごま）…適量

作り方
1. 沸騰した湯に塩少々を加え、大根の葉を茎からゆっくり入れて1分〜1分30秒ゆでる。冷水にとって絞り、細かく切る。
2. ベーコン菜っぱ炒めを作る。ベーコンは1〜2cm角に切る。フライパンにごま油をひき、ベーコンを炒める。1の大根の葉を加え、塩少々、こしょうをふり、最後に鍋肌からしょうゆをじゅっと回しかける。
3. ご飯、2のベーコン菜っぱ炒め、いりごまをざっくり混ぜ合わせる。
4. ⅓量ずつ三角形ににぎり、のりを巻く。仕上げにごまをふる（21ページ参照）。

2
菜っぱを使えば、彩りも栄養バランスもよし

　大根やかぶの葉を、ゆでて細かく切っておにぎりに入れれば、緑色が映え、彩り鮮やかになり、おまけにビタミンもとれて栄養バランスのよいおにぎりに。菜の花、小松菜などを使ってもおいしく、葉野菜だけでなく、スナップえんどうやさやいんげんやブロッコリーなどの緑色の野菜でも旬の味が楽しめます。炒めて使うならセロリの葉もおすすめです。

Healthy!

TASTY TIPS

菜っぱはおにぎりの貴重な材料

野菜はいつも近所の農家からおすそ分け。葉つきの大根やかぶがあるときに、葉をゆでて細かく切っておひたしや炒めものをご飯のおかずに作ったついでに、おにぎりの具にします。

のりは、良質でパリパリのものを

のりは、白子のりを常備。良質なものを選び、新鮮でパリパリな状態を保つよう密閉保存します。

Important!

ごまをご飯に混ぜ、仕上げにもぱらり

ご飯に具の材料を混ぜるときに、いりごまもいっしょに混ぜます。さらに仕上げにすりごま器から直接ふりかけ、いりごまをひとつまみ飾ります。

3 天かすを混ぜて、コクを加えると、おいしさがアップ

　天かすを使うと、香ばしさとコクが加わって、まるで天むすを食べているかのようにぐっとリッチな味わいに。天かす以外のものでも、コクのある調味料をプラスすると食べたあとの満足度が違います。マヨネーズやごま油などは、身近なコク出しの材料です。

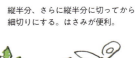

縦半分、さらに縦半分に切ってから細切りにする。はさみが便利。

大葉は、パンとたたいてから使うと、いい香り！

4 梅干しは、ちぎってご飯に混ぜるから、食べやすい！

　梅干しは、まるごとおにぎりの中心に入れるのではなく、粗くちぎってご飯に混ぜて使います。ひと口目からご飯といっしょに梅干しの味が楽しめます。梅干しをちぎるときに、種が取り除けるので、食べながら種を出さなくてもよく、面倒くさがり屋さんにはぴったり。

梅干し天かす大葉のおにぎり

材料（3個分）
- 炊きたてのご飯 …茶碗多めの1杯分（180g）
- 梅干し（中）… 1〜2個
- 天かす … 大さじ2
- めんつゆ … 大さじ1/2〜1
- 大葉 … 2〜3枚
- 白いりごま … 大さじ1/2
- 焼きのり（全形）… 1/2枚（19ページ参照）
- 仕上げ用の白ごま（すりごまといりごま）… 適量

作り方
1. 梅干しは粗くちぎって種を除く。大葉は細切りにする。天かすにめんつゆをからめる。
2. ご飯、1、いりごまをざっくり混ぜ合わせる。
3. 1/3量ずつ三角形ににぎり、のりを巻く。仕上げにごまをふる（21ページ参照）。

TASTY TIPS

頼りになるのが天かす

天かすには、めんつゆをかけてからめて使います。めんつゆがしみたところ、めんつゆがついていないカリッとしたままのところがまだらになっているのがいいんです。

5 いり卵もおにぎりの具に使って、華やかに

ふわふわのいり卵もおにぎりの具として使います。ご飯に混ぜてにぎり、上にも飾れば、黄色いおにぎりのでき上がり。おべんとうに卵焼きが入っているとうれしいように、おにぎりにも卵を使うとわくわくします。できたてを食べるのも楽しみ。ふわふわのいり卵のおにぎりは至福の味。

『いり卵の酢めしおにぎり』

材料（3個分）
- 酢めしの材料
  - 炊きたてのご飯…茶碗多めの1杯分（180g）
  - 調味酢（またはすし酢・市販）…大さじ1½強
- いり卵の材料（作りやすい分量）
  - A　卵…2個
  - 　　砂糖…大さじ½
  - 　　マヨネーズ…大さじ½
  - 　　しょうゆ（きれいな黄色にしたいときは塩）…少々
  - 　　水…大さじ1
  - 　　サラダ油　小さじ1〜1½
- 白いりごま…大さじ½
- 焼きのり（全形）
  - …½枚（19ページ参照）
- 仕上げ用の白ごま（すりごまといりごま）…適量

作り方
1. Aを混ぜ、フライパンにサラダ油を熱したところに入れていり卵を作る。
2. ご飯に調味酢を混ぜて酢めしにし、いり卵の約半量、いりごまをざっくり混ぜ合わせる。
3. ⅓量ずつ三角形ににぎり、のりを巻く。残っているいり卵適量をのせ、ごまをふる（21ページ参照）。

卵がふわふわ

TASTY TIPS
炊きたてご飯に混ぜれば、酢めしに

ご飯にふって混ぜれば、すぐに酢めしができる、便利な調味酢。ミツカンのカンタン酢を愛用しています。

6 ご飯を酢めしにすると、おすしの味になって、さらにごちそう気分♪

白いご飯に調味酢（すし酢）をふって、酢めしにし、おにぎりにすれば、おすしの味のおにぎりに。酸味のきいたご飯は、こってりとした具もおいしくまとめてくれ、ひと味違った味わいに。ごちそうおにぎりの世界が広がります。

7
おにぎりをこんがり焼くと、香ばしい、極上のごちそうに

こんがりとした焼き色をつけると、表面がカリカリに焼けた温かいご飯が食べられる、焼きおにぎりに。おにぎりにひと手間加えるだけで、違ったおいしさを、しかも焼きたてで味わえる、ちょっと特別なもの。おにぎりは主食だけど、焼くとおつまみにもなり、お酒の後のシメにもぴったりです。

『梅干し＆おかか菜っぱの焼きおにぎり』

材料（3個分）
- 温かいご飯…茶碗多めの1杯分（180g）
- おかか菜っぱの材料
  - 大根の葉…約15g
  - 塩…少々
  - 削り節（2.5g入り）…½袋
- 梅干し（中）…1～2個
- 白いりごま…大さじ½
- たれの材料
  - しょうゆ…小さじ1
  - みりん…小さじ½～1
  - ごま油…小さじ½
- 仕上げ用の白ごま（すりごまといりごま）…適量

準備：魚焼きグリルの網の上（またはオーブントースターの天板）に、アルミホイルを敷く。

作り方
1. おかか菜っぱを作る。沸騰した湯に塩を加え、大根の葉を茎からゆっくり入れて1分～1分30秒ゆでる。冷水にとって絞り、細かく切り、削り節をあえる。
2. 梅干しは粗くちぎって種を除く。
3. ご飯、1のおかか菜っぱ、2の梅干し、いりごまをざっくり混ぜ合わせる。
4. ⅓量ずつ三角形ににぎって、用意したアルミホイルに並べる。
5. たれの材料を混ぜ合わせ、4のおにぎりにスプーンで半量程度ふりかける。
6. 魚焼きグリル（またはオーブントースター）で焼き色がつくまで焼く。途中で残りのたれ適量をかけるとよい。仕上げにごまをふる（21ページ参照）。

『ベーコンチーズコーン大葉の焼きおにぎり』

材料（3個分）と作り方
ベーコン（ブロック）**50g**は1〜2cm角に切ってアルミホイルを敷いたグリルで焼く。**プロセスチーズ2個**は1cm角に切る。**コーン**（冷凍）**大さじ1〜1½**はさっとゆでる。**大葉3枚**は細切りにする（24ページ参照）。ご飯に、ベーコン、チーズ、コーン、大葉、**白いりごま大さじ½**を混ぜ、26ページの作り方4〜6と同じ要領で、焼きおにぎりにする。

『チーズおかか菜っぱの焼きおにぎり』

材料（3個分）と作り方
プロセスチーズ2個は1cm角に切る。塩ゆでして細かく切った**大根の葉大さじ3**は**削り節**（2.5g入り）**½袋**を混ぜる。ご飯にチーズ、おかか菜っぱ、**白いりごま大さじ½**を混ぜ、26ページの作り方4〜6と同じ要領で、焼きおにぎりにする。

TASTY TIPS

菜っぱにおかかを混ぜて使うとおいしくなる

8 帽子のように具をのせて飾ると、豪華な見映え

Lovely!

明太子を具にしておにぎりにするときも、身をほぐしてご飯に混ぜますが、全部はほぐさず半分は1〜1.5cm長さに切っておにぎりのてっぺんの飾りにします。ちょこんと帽子がのっていると、愛らしい見た目になり、ぐっと豪華なごちそうおにぎりになります。

TASTY TIPS

明太子はさっとあぶり、香ばしく

½腹だよ

『あぶり明太子と高菜のおにぎり』

材料（3個分）
- 炊きたてのご飯 … 茶碗多めの1杯分（180g）
- 明太子 … ½腹
- 高菜漬け（刻んだもの）… 大さじ1
- 白いりごま … 大さじ½
- 焼きのり（全形）… ½枚（19ページ参照）
- 仕上げ用の白ごま（すりごまといりごま）… 適量

作り方
1. 明太子は、アルミホイルにのせて魚焼きグリルでさっとあぶる。飾り用に1〜1.5cm長さに切って3切れ取り分け、残りを大まかにほぐす。
2. ご飯、ほぐした明太子、高菜漬け、いりごまをざっくり混ぜ合わせる。
3. ⅓量ずつ三角形ににぎり、のりを巻く。仕上げに飾り用の明太子をのせ、ごまをふる（21ページ参照）。

ご飯は大好きな鋳物琺瑯鍋で炊いています

ご飯はいつも鍋で炊いています。おにぎりにも、ふだんの食事のために炊いたご飯を使うので、特におにぎり用にかために炊くことはありません。

お米と水は同量で、炊き方はいつも同じ。お米は各地の生産者さんが新しい品種を次々と作っているので、これがなくなったら、今度はこれで、と使い切るたびに品種を替えて、いろいろな米の特徴を楽しんでいます。

ご飯の炊き方

材料

米…3合（540㎖）
水…540㎖

炊き方

1. 米をボウルに入れ、水を注いで手早く米とぎ棒で混ぜて、水を捨てる。水が濁らなくなるまで、これを数回繰り返す（**B**）。
2. 米が浸るくらいの水を入れ、そのまま30分～1時間くらい（夏は30分、冬は1時間）おく（**C**）。
3. 平らなざるに広げてのせ、水が下にたれなくなるまで、数分おく（**D**）。
4. 鍋に米を移し、分量の水を注ぐ（**E**）。
5. ふたをして強火にかける（**F**）。
6. 沸騰してきたら、弱火にして10分炊き、火を止める（**G**）。
7. 10分蒸らしてからふたを開け（**H**）、全体にふんわりと混ぜる（**I**）。

ご飯を炊くときの
お気に入りグッズ

A　計量カップ、保存容器
米は、鮮度を保つため、ペットボトルに入れて冷蔵庫で保存。米の計量にはお気に入りの米専用の計量カップを使っています。
B　米とぎ棒
米を洗うときは、ホームセンターで購入した米とぎ棒（曙産業）を活用。
D　ざる
米の水をきるときには、浅型ざる（la base）を使います。ざるは水きりかごにのせておく。
E　鍋
ご飯を炊くのは、鋳物琺瑯鍋。鋳物琺瑯鍋マニアです。

王道の鮭は、グリルで しっとり蒸し焼きに。

THE SAKE!

ホイルで包んで蒸し焼きに

鮭は、くっつかないアルミホイルで包んで、中火で約7分蒸し焼きにします。そのあと、ホイルを開いて1分くらいさっと焼いて焼き色をつけ、箸でざっとほぐし、骨があれば除きます。大きな鮭のかけらが外側にあると見映えがいいので、あまり細かくほぐさず、大きいところも残します。皮もおいしいけど、おにぎりには使いません。

　うちのおにぎりのメインの具としてもっとも多く登場している鮭。
鮭の焼き方はいつも同じなのですが、合わせる食材や味を変えると、いろいろなおにぎりができます。

　鮭おにぎりは、鮭といっしょに混ぜる食材を替えるといろいろな種類ができます。正確に数えたわけではありませんが、これまでにも20種類以上は作っていると思います。

　まず、使う鮭ですが、私はいつも、近所のスーパーで売られている、おべんとう用の甘塩鮭の切り身を使います。1切れが60ｇくらいで、1人分のおにぎり3個を作るのにちょうどいい大きさです。

　鮭はアルミホイルで包んで魚焼きグリルで蒸し焼きにすると、しっとり、ふっくら。焼けたら箸でざっとほぐし、サブの材料といっしょにご飯に混ぜます。サブの材料は、その日にあるものを気分で選ぶので日によってさまざまです。

　よく作るのが、家族みんながいちばん好きな「鮭と天かすのおにぎり」。天かすの食感とコクが鮭によく合って本当においしいのでよく作っています。

『鮭とクリームチーズのおにぎり』

材料(3個分)と作り方
クリームチーズ1〜2個は1cm角に切り、**マヨネーズ小さじ1**であえる。焼いてほぐした**甘塩鮭1切れ分**(約60g)、**白いりごま大さじ½**とともにご飯に混ぜておにぎりを作る。

うちの定番

『鮭とわかめのおにぎり』

材料(3個分)と作り方
ご飯、焼いてほぐした**甘塩鮭1切れ分**(約60g)、**わかめご飯用わかめふりかけ大さじ½**、**白いりごま大さじ½**を混ぜ、おにぎりを作る。

Love 天かす

『鮭と天かすのおにぎり』

材料(3個分)と作り方
ご飯、焼いてほぐした**甘塩鮭1切れ分**(約60g)、**めんつゆ大さじ½**をからめた**天かす大さじ2**、**白いりごま大さじ½**を混ぜ、おにぎりを作る。

青のりも入れて

『青のり入り 鮭と天かすのおにぎり』

左の「鮭と天かすのおにぎり」に、青のり小さじ½〜1も入れれば、風味も見映えも◎。

鮭のごちそうおにぎり、具のバリエーション 15

塩味の鮭には、しょうゆ味、マヨネーズ味、あっさり塩味、さっぱりしたしそ風味のものを合わせています。メインの材料の甘塩鮭を焼いたものには、ここに並んでいるサブの材料のどれを組み合わせても、おいしいおにぎりができます。

季節の彩り野菜

1 菜の花のおひたし
→ 35ページ

2 さやいんげんの
ごま油マヨしょうゆあえ

3 スナップえんどうの
マヨネーズあえ
→ 34ページ

4 大根の葉（青菜）の塩ゆで
→ 35、41ページ

常備菜

5 油揚げの煮もの
→ 36ページ

6 きんぴらごぼう
→ 36ページ

7 赤しそ
→ 35ページ

12 天かすの
めんつゆあ
→ 31ページ

メインの材料
↓
焼き鮭（甘塩鮭）
→ 焼き方は30ページ

じゅわっと鮭にからんでおいしい

歯ごたえとうまみプラス

サブの材料

便利な常備食材

- **8** 柴漬け — ポリポリさわやか
- **9** 塩昆布 →18、41ページ — うまみ倍増
- **10** わかめふりかけ →31ページ
- **11** 大葉の細切り — いい香り

コク増しの食材

- **13** クリームチーズのマヨネーズあえ →31ページ — うちの人気No.1 / マヨネーズのコクをプラス
- **14** 大葉のごま油あえ →34ページ — 食欲MAX
- **15** ごま油マヨネーズ →34ページ

1. 塩ゆでした菜の花にめんつゆと削り節を混ぜたもの。ほかの青菜でも同様に作ることができる。 2. さやいんげん3〜4本を塩ゆでして1cm長さに切り、マヨネーズ小さじ1、ごま油、しょうゆ各少々を混ぜたもの。 3. スナップえんどうを塩ゆでし、マヨネーズであえたもの。 4. 大根の葉を塩ゆでして細かく切ったものに塩ひとつまみを混ぜる。山東菜、はくさい菜、小松菜、チンゲンサイなどでも同様にできる。 5. 油揚げを甘辛しょうゆ味で煮たもの。いなりずし用の油揚げ（市販）でもできる。 6. ご飯に混ぜやすいよう、ごぼうは薄く切って作る。 7. 赤しその味は、鮭によく合う！ 8. 赤しそ味の漬けもの。漬けものはこのほかに高菜漬けも鮭に合う。 9. 塩味とうまみの両方が加わる。塩ゆでした菜っぱと混ぜて使うのもおすすめ。 10. ご飯に混ぜるだけの「わかめふりかけ」。あつあつご飯に混ぜ、やわらかくもどってからおにぎりに。 11. 大葉のさわやかな香りは食欲を誘う。パンとたたいて香りを立たせてから、縦4等分に切ったものを横方向に細切りにする。 12. 天かすにめんつゆをからめて使う。 13. クリームチーズはマヨネーズをからめると、チーズどうしがくっつかずにご飯に混ぜやすくなる。 14. 大葉を香ばしいごま油であえて使うと味が引き締まる。 15. 鮭はマヨネーズにごま油としょうゆを混ぜたものであえると、香りとコクが加わりおいしさが増す。

鮭 &野菜 と常備食材のおにぎり

ごま油マヨ味の鮭おにぎり

材料（3個分）
- 炊きたてのご飯
　…茶碗多めの1杯分（180g）
- 甘塩鮭の切り身
　…1切れ（約60g）
- マヨネーズ…大さじ1
- ごま油…小さじ½
- しょうゆ…2〜3滴
- 白いりごま…大さじ½
- 焼きのり（全形）
　…½枚（19ページ参照）
- 仕上げ用の白ごま（すりごまといりごま）…適量

作り方
1. マヨネーズ、ごま油、しょうゆを混ぜ合わせる。
2. 鮭は焼いて粗めにほぐす（30ページ参照）。1のごま油マヨネーズを加えてあえる。
3. ご飯、2の鮭、いりごまをざっくり混ぜ合わせる。
4. ⅓量ずつ三角形ににぎり、のりを巻き、ごまをふる（21ページ参照）。

鮭とスナップえんどうのおにぎり

材料（3個分）と作り方
スナップえんどう3さやは**塩少々**を入れた湯でゆで、5mm幅に切り、**マヨネーズ小さじ½**であえる。焼いてほぐした**甘塩鮭1切れ分**（約60g）、**白いりごま大さじ½**とともにご飯に混ぜておにぎりを作る。

鮭と大葉のごま油あえのおにぎり

材料（3個分）と作り方
大葉3枚の細切り（24ページ参照）、**ごま油2〜3滴、塩ひとつまみ**を混ぜ、大葉のごま油あえを作る。ご飯、焼いてほぐした**甘塩鮭1切れ分**（約60g）、大葉のごま油あえ半量、**白いりごま大さじ½**を混ぜておにぎりを作る。残りの大葉のごま油あえを上に飾る。

鮭と菜の花のおにぎり

〝おひたしで〟

材料（3個分）と作り方
塩少々を入れた湯に、**菜の花2〜3本**を茎から入れて1分〜1分30秒ゆでて冷水にとって冷やす。軽く絞って細かく切り、**めんつゆ、削り節各少々**と混ぜ、菜の花のおひたしを作る。焼いてほぐした**甘塩鮭1切れ分**（約60g）、**白いりごま大さじ½**とともにご飯に混ぜておにぎりを作る。

旬の菜っぱとのコラボはその時季だけのぜいたく！

鮭と山東菜（さんとうな）のおにぎり

材料（3個分）と作り方
山東菜3枚（または大根の葉15g）は塩少々を入れた湯でゆで、冷水にとって絞る。細かく切り、塩ひとつまみを混ぜる。焼いてほぐした**甘塩鮭1切れ分**（約60g）、**白いりごま大さじ½**とともにご飯に混ぜておにぎりを作る。

地味だけど大ファン

鮭と赤しそのおにぎり

材料（3個分）と作り方
ご飯、焼いてほぐした**甘塩鮭1切れ分**（約60g）、**赤しその粗みじん切り大さじ1½**、**白いりごま大さじ½**を混ぜておにぎりを作る。

夫の好きな 鮭 おにぎり BEST 10

BEST 1
鮭と天かすのおにぎり
作り方は 31 ページ

BEST 2 マヨ入り
ごま油マヨ味の鮭おにぎり
作り方は 34 ページ

BEST 3
鮭と塩昆布のおにぎり
作り方は 21 ページ

BEST 4
鮭と赤しそのおにぎり
作り方は左記

BEST 5
鮭と大葉のごま油あえのおにぎり
作り方は 34 ページ

BEST 6
鮭とわかめのおにぎり
作り方は 31 ページ

BEST 7
鮭と山東菜のおにぎり
作り方は上記

BEST 8 マヨ入り
鮭とスナップえんどうのおにぎり
作り方は 34 ページ

BEST 9
鮭ときんぴらごぼうのおにぎり
作り方は 36 ページ

BEST 10 マヨ入り
鮭とクリームチーズのおにぎり
作り方は 31 ページ

鮭 & 常備菜のおにぎり

> にぎりやすいよう、ささがきは薄くするのがコツ

『鮭ときんぴらごぼうのおにぎり』

材料（3個分）
- 炊きたてのご飯
  …茶碗多めの1杯分（180g）
- 甘塩鮭の切り身…1切れ（約60g）
- きんぴらごぼうの材料（作りやすい分量）
  - ごぼう…1本
  - 顆粒和風だしの素…ひとつまみ
  - しょうゆ、みりん…各大さじ1
  - 砂糖…大さじ1/2
  - 水…100ml
  - 好みで一味唐辛子…適宜
  - ごま油…適量
- 白いりごま…大さじ1/2
- 焼きのり（全形）…1/2枚（19ページ参照）
- 仕上げ用の白ごま（すりごまといりごま）…適量

作り方
1. きんぴらごぼうを作る。ごぼうは薄めのささがきにする。フライパンにごま油を熱し、ごぼうとだしの素を入れて炒める。しょうゆ、みりん、砂糖、水を加え、汁気がなくなるまで炒める。好みで一味唐辛子をふる。
2. 鮭は焼いて粗めにほぐす（30ページ参照）。
3. ご飯、1のきんぴらごぼう適量、2の鮭、いりごまをざっくり混ぜ合わせる。
4. 1/3量ずつ三角形ににぎり、のりを巻き、ごまをふる（21ページ参照）。

『鮭と油揚げの酢めしおにぎり』

> 酢めしで作るから、いなりずしの味

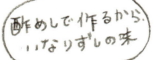

材料（3個分）
- 酢めしの材料
  - 炊きたてのご飯…茶碗多めの1杯分（180g）
  - 調味酢（またはすし酢・市販）…大さじ1 1/2強
- 甘塩鮭の切り身…1切れ（約60g）
- 油揚げの煮ものの材料（作りやすい分量）
  - 油揚げ…2～3枚
  - 水…100ml
  - しょうゆ、みりん、砂糖…各大さじ1
  - 顆粒和風だしの素…ひとつまみ
- 白いりごま…大さじ1/2
- 焼きのり（全形）…1/2枚（19ページ参照）
- 仕上げ用の白ごま（すりごまといりごま）…適量

作り方
1. 油揚げの煮ものを作る。油揚げの煮ものの材料をすべて鍋に入れ、汁気がなくなるまで煮る。油揚げを食べやすい大きさに切る。
2. 鮭は焼いて粗めにほぐす（30ページ参照）。
3. ご飯に調味酢を回しかけて混ぜ、酢めしにする。1の煮もの適量、2の鮭、いりごまを加えてざっくり混ぜ合わせる。
4. 1/3量ずつ三角形ににぎり、のりを巻き、ごまをふる（21ページ参照）。

こんがり焼くと、
焦げたしょうゆの香りが
たまらない。
具はシンプルでも、
焼くだけでごちそう

たれはしょうゆ、みりん、ごま油を混ぜたもの。ごま油の香りが食欲をそそり、みりんで照りよく。

鮭の焼きおにぎり

材料（3個分）
- 温かいご飯 … 茶碗多めの1杯分（180g）
- 甘塩鮭の切り身 … 1切れ（約60g）
- 白いりごま … 大さじ½
- たれの材料
    - しょうゆ … 小さじ1
    - みりん … 小さじ½〜1
    - ごま油 … 小さじ½
- 仕上げ用の白ごま（すりごまといりごま）… 適量

準備：魚焼きグリルの網の上（またはオーブントースターの天板）にアルミホイルを敷く。

作り方

1. 鮭は焼いて粗めにほぐす（30ページ参照）。
2. ご飯、1の鮭、いりごまをざっくり混ぜ合わせる。
3. ⅓量ずつ三角形ににぎる。
4. アルミホイルに3を並べる。たれの材料を混ぜ合わせ、半量くらいをスプーンで表面にふりかける。魚焼きグリル（またはオーブントースター）で焼き色がつくまで7分くらい焼く。好みで途中で残りのたれ適量をかける。仕上げにごまをふる（21ページ参照）。

菜っぱがあれば、何でもごちそうおにぎりに

NICE NAPPA!

おにぎりのメインの材料の代表が鮭なら、サブの材料の代表は菜っぱ。
サブの材料でありながら主役級。塩ゆでして細かく切った菜っぱをご飯に混ぜるときに、
おにぎりの定番の具やおかずをいっしょに混ぜれば、ちょっと豪華な菜めしおにぎりになります。

　大根やかぶの葉を混ぜる菜めしのおにぎりもよく作ります。緑色が鮮やかで、シャキシャキしたよい歯ざわりで、栄養バランスもよくなります。

　菜っぱといっしょに塩昆布を混ぜれば、昆布菜めし。鮭と混ぜれば、鮭菜めし……こんなふうに混ぜる材料を替えれば、いろいろな味が楽しめます。

　スーパーで売っている大根やかぶは、葉は切り落とされ、茎の部分しかついていないものもありますが、茎だけでも同じようにおいしく活用できます。

菜っぱのゆで方

沸騰した湯に塩少々を加え、大根の葉を茎からゆっくり入れて1分〜1分30秒ゆでる。冷水にとって絞り、細かく切る。
＊ご飯茶碗多めの1杯分（180g）に、ゆでて細かく切った葉大さじ2〜3が目安。

細かく切る

『ちりめん山椒と菜っぱ』

材料（3個分）と作り方
ご飯、塩ゆでして細かく切った**大根の葉大さじ2**、**ちりめん山椒大さじ½**、**白いりごま大さじ½**を混ぜ、おにぎりを作る。上にちりめん山椒適量をのせて仕上げる。

『わかめと菜っぱ』

材料（3個分）と作り方
ご飯、塩ゆでして細かく切った**大根の葉大さじ3**、**わかめご飯用わかめふりかけ大さじ½**、**白いりごま大さじ½**を混ぜ、おにぎりを作る。

『甘辛ツナマヨ菜っぱ』

材料（3個分）と作り方
ご飯、塩ゆでして細かく切った**大根の葉大さじ3**、**甘辛ツナマヨ適量**（64ページの「甘辛ツナマヨと大葉」参照）、**白いりごま大さじ½**を混ぜ、おにぎりを作る。

『明太子と菜っぱ』

材料（3個分）と作り方
ご飯、塩ゆでして細かく切った**大根の葉大さじ3**、**白いりごま大さじ½**を混ぜる。**明太子½腹**の半分をほぐして加え、おにぎりを作る。残りの明太子を1cm幅に切って飾る。

『梅干しと菜っぱ』

材料（3個分）と作り方
ご飯、塩ゆでして細かく切った**大根の葉大さじ3**、**白いりごま大さじ½**、粗くちぎって種を除いた**梅干し（中）1〜2個分**を混ぜ、おにぎりを作る。

菜っぱおにぎりのアレンジ5選

『ひじき＆桜えびの煮ものと菜っぱ』

煮ものと混ぜて

材料（3個分）

- 炊きたてのご飯…茶碗多めの1杯分（180g）
- 大根の葉（塩ゆでして細かく切ったもの）
  …大さじ3
- ひじきと桜えびの煮ものの材料
  - 芽ひじき（乾燥）…大さじ1
  - 桜えび（小）…大さじ1
  - ごま油…小さじ1
  - A（しょうゆ、みりん、酒各小さじ1、砂糖小さじ½）
- 白いりごま…大さじ½
- 焼きのり（全形）…½枚（19ページ参照）
- 仕上げ用の白ごま（すりごまといりごま）…適量

作り方

1. ひじきはさっと洗い、たっぷりの水に10〜20分浸してもどし、水気をきる。フライパンにごま油をひき、ひじきと桜えびを炒める。Aを加え、汁気がなくなるまで煮る。
2. ご飯、大根の葉、1の煮もの、いりごまをざっくり混ぜ合わせる。
3. ⅓量ずつ三角形ににぎり、のりを巻き、ごまをふる（21ページ参照）。

『ラー油昆布と菜っぱ』

材料（3個分）と作り方
塩昆布大さじ1に、**ラー油、ごま油各少々、赤唐辛子の小口切り1本分**を混ぜ、ラー油昆布を作る。ご飯、塩ゆでして細かく切った**大根の葉大さじ3**、ラー油昆布、**白いりごま大さじ½**を混ぜ、おにぎりを作る。

塩昆布で うまみ増し

『鮭と塩昆布と菜っぱ』

材料（3個分）と作り方

ご飯、焼いてほぐした**甘塩鮭1切れ分**（約60g・30ページ参照）、**塩昆布大さじ½**、塩ゆでして細かく切った**かぶの葉大さじ3**、**白いりごま大さじ½**を混ぜ、おにぎりを作る。

『ごま油風味の梅干し塩昆布菜っぱ』

ごま油＋塩昆布で、大満足の味に

材料（3個分）と作り方

塩ゆでして細かく切った**大根の葉大さじ3**、粗くちぎって種を除いた**梅干し（中）1個分**、**塩昆布大さじ½**を**ごま油小さじ1**であえる。ご飯、あえた菜っぱ、**白いりごま大さじ½**を混ぜ、おにぎりを作る。

『豚肉と菜っぱ炒め』

肉と炒めて

材料（3個分）
- 炊きたてのご飯…茶碗多めの1杯分（180g）
- 豚肉と菜っぱ炒めの材料
  - 豚こま切れ肉…150g
  - 大根の葉（塩ゆでして細かく切ったもの）…大さじ3
  - 中華風スープの素（ペースト）…小さじ½〜1
  - ごま油…適量
  - 塩、こしょう…各適量
  - しょうゆ…少々
- 白いりごま…大さじ½
- 焼きのり（全形）…½枚（19ページ参照）
- 仕上げ用の白ごま（すりごまといりごま）…適量

作り方

1. 豚肉と菜っぱ炒めを作る。フライパンにごま油をひき、豚肉を炒め、大根の葉、塩、こしょう、スープの素を加えて炒める。仕上げに鍋肌からしょうゆをじゅっと回しかける。
2. ご飯、2の豚肉と菜っぱ炒め、いりごまをざっくり混ぜ合わせる。
3. ⅓量ずつ三角形ににぎり、のりを巻き、ごまをふる（21ページ参照）。

主役の座をねらう強力メンバー

みんな大好き、明太子、ハム、ツナ、チーズで作る新しいごちそうおにぎりをご紹介。
おにぎりの定番メニューに加えたい味ばかりです。

POWER-FUL!

明太子 — 明太子の帽子がかわいい

明太子は表面が白くなる程度に軽くあぶると、食感とつぶつぶの存在感が出て味わい深くなります。半分はご飯に混ぜ、半分は帽子のように飾ります。

しらす炒めと合わせて味に奥行きを

『明太子&菜の花しらす炒め』

材料（3個分）
- 炊きたてのご飯 … 茶碗多めの1杯分（180g）
- 明太子&菜の花しらす炒めの材料
  - 明太子 … ½腹
  - 菜の花 … 3本
  - 塩 … 少々
  - しらす干し … 20g
  - ごま油 … 適量
  - しょうゆ … 少々
- 白いりごま … 大さじ½
- 焼きのり（全形） … ½枚（19ページ参照）
- 仕上げ用の白ごま（すりごまといりごま） … 適量

作り方
1. 明太子はアルミホイルにのせ、魚焼きグリルでさっとあぶる。飾り用に1～1.5cm長さに切って3切れ取り分ける。
2. 菜の花は塩ゆでし、細かく切る。
3. フライパンにごま油をひき、菜の花としらす干しを炒め、鍋肌からしょうゆをじゅっと回しかける。火を止めて1の残りの明太子をくずしながら混ぜる。
4. ご飯、3、いりごまをざっくり混ぜ合わせる。
5. ⅓量ずつ三角形ににぎり、のりを巻く。飾り用の明太子をのせ、ごまをふる（21ページ参照）。

大葉の香りがいい！

『あぶり明太子と大葉』

材料（3個分）と作り方

明太子½腹は、上記を参照し、あぶって飾り用に3切れ取り分け、残りをほぐす。ご飯、ほぐした明太子、細切りにした**大葉3枚**（24ページ参照）、**白いりごま大さじ½**を混ぜ、おにぎりを作る。飾り用の明太子をのせて仕上げる。

ハム

ハムのマヨネーズあえは、注目株

ハムのマヨネーズあえは朝ごはんに、マヨしょうゆあえはつまみにしていたので、おにぎりにすれば絶対おいしいはずと作ってみたら大正解。火を通さなくていいから、すぐできて重宝。

さわやかな大葉がよく合い、食欲誘う

『ごま油マヨ味のハムと大葉』

材料（3個分）
- 炊きたてのご飯 … 茶碗多めの1杯分（180g）
- ハム … 2〜3枚
- マヨネーズ … 大さじ1
- ごま油 … 小さじ½
- しょうゆ … 2〜3滴
- 大葉 … 3枚
- 白いりごま … 大さじ½
- 焼きのり（全形）… ½枚（19ページ参照）
- 仕上げ用の白ごま（すりごまといりごま）… 適量

作り方
1. ハムは1〜2cm大に切り、マヨネーズ、ごま油、しょうゆと混ぜる。
2. 大葉は細切りにする（24ページ参照）。
3. ご飯、1のハム、2の大葉、いりごまをざっくり混ぜ合わせる。
4. ⅓量ずつ三角形ににぎり、のりを巻き、ごまをふる（21ページ参照）。

塩昆布のうまみも加わり深みのある味に

『ハムと塩昆布』

材料（3個分）と作り方

ハム2〜3枚は1〜2cm大に切り、**マヨネーズ小さじ1**であえる。ご飯、ハムのマヨネーズあえ、**塩昆布大さじ½**、**白いりごま大さじ½**を混ぜ、おにぎりを作る。

ツナ

ツナマヨは、野菜と合わせて色鮮やかに

ツナマヨは、めんつゆをたしたり、甘辛しょうゆ味で煮て使うとご飯にぴったりの味に。ツナサラダに合いそうな野菜も入れると、味のバランスもよくなり、食べごたえ充分。

おかかのうまみも加わり味がまとまる

『ツナマヨとおかかオクラ』

材料（3個分）

- 炊きたてのご飯
  …茶碗多めの1杯分（180g）
- ツナマヨの材料
  ツナ缶（小）
  …1缶（70g）
  マヨネーズ
  …大さじ1
  めんつゆ…小さじ1
- おかかオクラの材料
  オクラ…2〜3本
  削り節（2.5g入り）
  …½袋
  めんつゆ…少々
  塩…少々
- 白いりごま…大さじ½
- 焼きのり（全形）
  …½枚（19ページ参照）
- 仕上げ用の白ごま（すりごまといりごま）…各適量

作り方

1. ツナマヨを作る。ツナは油をきり、マヨネーズ、めんつゆを混ぜる。
2. おかかオクラを作る。オクラは塩ゆでして5mm幅に切り、削り節、めんつゆと混ぜる。
3. ご飯、ツナマヨ、おかかオクラ、いりごまをざっくり混ぜ合わせる。
4. ⅓量ずつ三角形ににぎり、のりを巻き、ごまをふる（21ページ参照）。

『甘辛ツナマヨとコーン』

 玉ねぎの風味と合わさり、コーンの甘みが際立つ

材料（3個分）と作り方

甘辛ツナマヨを作る。油をきった**ツナ缶（小）1缶（70g）**、**玉ねぎのみじん切り¼個分**を**ごま油少々**で炒め、しんなりしたら**しょうゆ、みりん各大さじ½**を加えて煮詰める。火を弱め、**マヨネーズ大さじ½**を混ぜる。ご飯、ゆでた**コーン**（冷凍）**大さじ2**、甘辛ツナマヨ、**白いりごま大さじ½**を混ぜ、おにぎりを作る。

チーズ

チーズはおかかとあえると、和の味に

うまみ抜群のチーズとおかかが合わさると、相乗効果でおいしさが増します。プロセスチーズもクリームチーズもおかかとあえれば、和風の食材ともしっくり。

梅干しの酸っぱさが合う
チーズおかかと梅干し

材料（3個分）
- 炊きたてのご飯 … 茶碗多めの1杯分（180g）
- プロセスチーズ … 1〜2個
- 削り節（2.5g入り）… 1/2袋
- しょうゆ … 少々
- 梅干し（中）… 1〜2個
- 白いりごま … 大さじ1/2
- 焼きのり（全形）… 1/2枚（19ページ参照）
- 仕上げ用の白ごま（すりごまといりごま）… 各適量

作り方
1. チーズは1cm角に切り、削り節、しょうゆとあえる。
2. 梅干しは粗くちぎって種を除く。
3. ご飯、1のチーズ、2の梅干し、いりごまをざっくり混ぜ合わせる。
4. 1/3量ずつ三角形ににぎり、のりを巻き、ごまをふる（21ページ参照）。

TASTY TIPS

チーズとおかかは仲よし

チーズはコロコロに切って、おかかとしょうゆを混ぜておにぎりの具に。

塩昆布×おかかは、間違いない

クリームチーズおかかと塩昆布

材料（3個分）と作り方
クリームチーズ1〜2個は1cm角に切り、**削り節（2.5g入り）1/2袋**、**しょうゆ少々**とあえる。ご飯、クリームチーズのおかかあえ、**塩昆布大さじ1/2**、**白いりごま大さじ1/2**を混ぜ、おにぎりを作る。

卵は実家の母が平飼いの養鶏場で箱買いしてきてくれます。

マヨネーズが
ふわふわ卵の
かくし味

卵はざっと混ぜる程度に溶きほぐす。

Tesshi's kitchen

大好きな卵も具にして、W主役の最強ごちそうおにぎりにしています

家族みんな卵が好きなので、卵かけご飯、目玉焼き、ゆで卵、いり卵、オムレツなど、形を変えて、卵はよく使います。おにぎりの具にもたびたび登場します。

おにぎりに使うのは、ふわふわのいり卵。卵にマヨネーズを少し入れると、まろやかになって、ふんわりやわらかいいり卵ができます。味つけはやや甘めにするのがポイント。甘い卵は酢めしによく合います（酢めしおにぎりの例は、25、62〜63ページを参照）。

このいり卵を、鮭や明太子のようなメインの具と合わせると、しょっぱい具といり卵の甘みとのバランスがよく、いつもより豪華なごちそうおにぎりができます。家でのひとりごはんのときなどに、半熟のいり卵を山盛りのせて、できたてをほおばるのは最高にぜいたくな「ごちそうおにぎり」の食べ方です。

ふわふわで
おいしそう♡

いり卵と明太子と塩昆布のおにぎり

ご飯、ほぐした明太子、塩昆布、いり卵を混ぜておにぎりに。いり卵はご飯をおおうくらいたっぷり使って、明太子の帽子をのせてでき上がり！

いり卵と鮭のおにぎり

ご飯、焼いてほぐした鮭（30ページ参照）、いり卵を混ぜておにぎりに。上にもいり卵を飾って豪華に仕上げる。

好みのかたさになったら火を止める。

Love eggs♡

いり卵の作り方

材料（おにぎり3〜6個分）

A｜卵…2個
　｜砂糖…大さじ½
　｜マヨネーズ…大さじ½
　｜しょうゆ（きれいな黄色にしたいときは塩）…少々
　｜水…大さじ1

サラダ油…小さじ1〜1½

作り方

1　材料のAをすべて混ぜる。
2　フライパンにサラダ油を入れてよく熱し、卵液を一気に入れ、ふわっと固まったら、大きく混ぜて好みのかたさまで火を通して、火を止める。おべんとうのおにぎりにするときは、少しかために火を通す。

※ご飯茶碗多めの1杯分（180g）に対して、具が卵だけの場合、上にも飾れば使い切る量ですが、ほかの具の量によって、ご飯に混ぜる量は加減してください。

いり卵とあぶり明太子のおにぎり

ご飯、あぶり明太子（42ページ参照）をほぐしたもの、いり卵を混ぜておにぎりに。上にはあぶり明太子の帽子を飾り、彩り美しく。

いり卵とごま油マヨ味のハムおにぎり

ご飯、ごま油マヨ味のハム（43ページ「ごま油マヨ味のハムと大葉」参照）、いり卵を混ぜておにぎりを作ると、リッチな味わいに。

いり卵は、酢めしによく合う！
→25、62ページ

ご飯とおかずがいっしょに食べられる
パーフェクトおにぎり

ごちそうおにぎりは、そもそも、ご飯とおかずがいっしょに食べられるよう、おかずをご飯に混ぜ込んでおにぎりにしたのがはじまり。
だから、おべんとう箱につめるようなおかず、夕ごはんや酒のつまみ用の炒めものも具にします。
肉と野菜が食べられ、腹持ちがよく、まさに片手で食べられるおべんとうです。

『ベーコンとセロリの葉っぱ炒め』

材料（3個分）
- 炊きたてのご飯 … 茶碗多めの1杯分（180g）
- ベーコンとセロリの葉っぱ炒めの材料
  - ベーコン（ブロック）… 40〜50g
  - セロリの葉 … 1本分
  - ごま油 … 適量
  - しょうゆ、みりん … 各小さじ½
  - 顆粒和風だしの素 … ひとつまみ
- 白いりごま … 大さじ½
- 焼きのり（全形）… ½枚（19ページ参照）
- 仕上げ用の白ごま（すりごまといりごま）… 適量

作り方
1. ベーコンとセロリの葉っぱ炒めを作る。ベーコンは1〜2cm角に切り、セロリの葉は、細かく刻む。フライパンにごま油をひいて、ベーコンを炒め、セロリの葉を加え、だしの素、みりん、しょうゆを加え、さらに炒める。
2. ご飯、1のベーコンとセロリの葉っぱ炒め、いりごまをざっくり混ぜ合わせる。
3. ⅓量ずつ三角形ににぎり、のりを巻き、ごまをふる（21ページ参照）。

BACON

うまみの凝縮したベーコンは人気の食材。うちでもよくその日にある野菜やきのことベーコンを炒めて晩酌のつまみにするので、それをおにぎり用に取り分けています。

TASTY TIPS
ベーコンは1回分ずつ冷凍

かたまりベーコンは、1cmくらいの厚さに切って1枚ずつラップで包んで冷凍保存しておけば、いつでもすぐに使えて便利

ベーコンとまいたけ炒め

材料（3個分）
- 炊きたてのご飯
  …茶碗多めの1杯分（180g）
- ベーコンとまいたけ炒めの材料
  - ベーコン（ブロック）…40〜50g
  - まいたけ（ほぐす）…⅓パック
  - ごま油…適量
  - 塩、こしょう、しょうゆ…各少々
- 白いりごま…大さじ½
- 焼きのり（全形）…½枚（19ページ参照）
- 仕上げ用の白ごま（すりごまといりごま）…適量

作り方
1. ベーコンとまいたけ炒めを作る。ベーコンは1〜2cm角に切る。フライパンにごま油をひいて、ベーコンとまいたけを炒め、塩、こしょうをし、最後に鍋肌からしょうゆをじゅっと回しかける。
2. ご飯、1、いりごまを混ぜる。
3. ⅓量ずつ三角形ににぎり、のりを巻き、ごまをふる（21ページ参照）。

PORK

豚肉は、冷めてもおいしいので、よくおにぎりの具に使います。ご飯に混ぜるのは、いつものしょうゆ味のおかず。マヨネーズを加えてコクを出すと食べごたえが増します。ゆで野菜といっしょにご飯に混ぜると、彩りや食感のよいおにぎりに。

『豚のしょうが焼きとコーン』

材料（3個分）
- 炊きたてのご飯…茶碗多めの1杯分（180g）
- 豚のしょうが焼きの材料
  - 豚こま切れ肉…150g
  - 玉ねぎのみじん切り…¼個分
  - ごま油…適量
  - マヨネーズ…大さじ1
  - A（しょうゆ、みりん各大さじ1　おろししょうが小さじ½）
- コーン（冷凍）…大さじ3
- 白いりごま…大さじ½
- 焼きのり（全形）…½枚（19ページ参照）
- 仕上げ用の白ごま（すりごまといりごま）…適量

作り方
1. Aを混ぜ合わせ、たれを作る。コーンはゆでる。
2. 豚のしょうが焼きを作る。フライパンにごま油をひき、豚肉と玉ねぎを炒め、Aのたれを加えて煮詰める。仕上げにマヨネーズを加えて混ぜる。
3. ご飯、2のしょうが焼き、1のコーン、いりごまをざっくり混ぜ合わせる。
4. ⅓量ずつ三角形ににぎり、のりを巻き、ごまをふる（21ページ参照）。

『豚の照り焼きとチンゲンサイ』

材料(3個分)

- 炊きたてのご飯…茶碗多めの1杯分(180g)
- 豚の照り焼きの材料
  - 豚こま切れ肉…150g
  - ごま油…適量
  - マヨネーズ…大さじ½
  - A(しょうゆ大さじ1　酒、みりん各大さじ½　砂糖ひとつまみ)
- チンゲンサイ…1〜2枚
- 塩…少々
- 白いりごま…大さじ½
- 焼きのり(全形)…½枚(19ページ参照)
- 仕上げ用の白ごま(すりごまといりごま)…適量

作り方

1. Aを混ぜ合わせる。沸騰した湯に塩を加え、チンゲンサイを根元のほうからゆっくり入れて1分〜1分30秒ゆでる。冷水にとって絞り、細かく切る。
2. 豚の照り焼きを作る。フライパンにごま油をひき、豚肉を炒め、Aのたれを入れて煮詰める。仕上げにマヨネーズを加えて混ぜる。
3. ご飯、2の照り焼き、1のチンゲンサイ、いりごまをざっくり混ぜ合わせる。
4. ⅓量ずつ三角形ににぎり、のりを巻き、ごまをふる(21ページ参照)。

CHICKEN

おべんとうのおかずの定番にしていた、照り焼きチキンとなす入り鶏みそを、おにぎりの具にしました。照り焼きチキンとぽりぽりした食感の甘いスナップえんどうとの相性は抜群。なす入り鶏みそは八丁みそでコクのある味にします。

『なす入り鶏みそ』

材料（3個分）

- 炊きたてのご飯…茶碗多めの1杯分（180g）
- なす入り鶏みその材料（作りやすい分量）
  鶏肉（もも・むねなどの部位でも）
  　…½枚（150g）
  なす…½本
  青ねぎ…1本
  ごま油…適量
  A（八丁みそ、酒各大さじ2　しょうゆ、砂糖各大さじ1　おろししょうが、おろしにんにく各少々）
- 白いりごま…大さじ½
- 焼きのり（全形）…½枚（19ページ参照）
- 仕上げ用の白ごま（すりごまといりごま）…適量

作り方

1. 鶏肉、なすは1cm角に切り、青ねぎは薄い小口切りにする。Aを混ぜ合わせる。
2. なす入り鶏みそを作る。フライパンにごま油をひき、鶏肉、なす、青ねぎを炒める。鶏肉に火が通ったらAを加えて炒める。
3. ご飯、いりごまをざっくり混ぜ合わせる。
4. 3の⅓量ずつの中心に2の鶏みそ適量ずつを入れて三角形ににぎり、のりを巻く。仕上げに鶏みそ適量をのせ、ごまをふる（21ページ参照）。

焦げ目がつくくらい鶏肉を焼くと、アクセントになっておいしい

『照り焼きチキンとスナップえんどう』

材料(3個分)
- 炊きたてのご飯 … 茶碗多めの1杯分(180g)
- 照り焼きチキンの材料
  - 鶏もも肉 … ½枚(約150g)
  - 塩、こしょう … 各少々
  - サラダ油 … 適量
  - A(しょうゆ大さじ1 酒、みりん各大さじ½ 砂糖ひとつまみ)
- スナップえんどう … 6さや
- 塩 … 少々
- 白いりごま … 大さじ½
- 焼きのり(全形) … ½枚(19ページ参照)
- 仕上げ用の白ごま(すりごまといりごま) … 適量

作り方
1. Aを混ぜ合わせてたれを作る。スナップえんどうは筋を取って塩ゆでし、5mm幅に切る。
2. 照り焼きチキンを作る。鶏肉は2cm大に切って、塩とこしょうをふる。フライパンにサラダ油をひいて鶏肉を焼き、Aのたれを加えて煮詰める。
3. ご飯、2の照り焼きチキン、1のスナップえんどう、いりごまをざっくり混ぜ合わせる。
4. ⅓量ずつ三角形ににぎり、のりを巻き、ごまをふる(21ページ参照)。

SOBORO

肉そぼろは、ひき肉を粗めにほぐして、肉の存在感を残します。味つけのときにカレー粉小さじ½をたして、カレー味にするのもおすすめ。

『 肉そぼろと大葉 』

材料（3個分）
- 炊きたてのご飯…茶碗多めの1杯分（180g）
- 肉そぼろの材料
　豚ひき肉（好きなひき肉でいい）…100g
　酒…大さじ½
　A（砂糖、しょうゆ各大さじ1　おろししょうが少々）
　ごま油…少々
- 大葉…3枚
- 白いりごま…大さじ½
- 焼きのり（全形）…½枚（19ページ参照）
- 仕上げ用の白ごま（すりごまといりごま）…適量

作り方
1. 肉そぼろを作る。ひき肉に酒をふる。フライパンにごま油をひき、ひき肉を炒める。色が変わってきたらAを加えて炒め、汁気がなくなったら火を止める。
2. 大葉は細切りにする（24ページ参照）。
3. ご飯、1の肉そぼろ、2の大葉、いりごまをざっくり混ぜ合わせる。
4. ⅓量ずつ三角形ににぎり、のりを巻き、ごまをふる（21ページ参照）。

NIRATAMA

にらたま炒めは塩、こしょう、しょうゆのシンプルな味つけにもうひと味、みりんで甘みをたすと、おにぎりによく合います。冷凍庫に常備しているソーセージを加えて具だくさんにしています。

『にらたまソーセージ』

材料(3個分)
- 炊きたてのご飯 … 茶碗多めの1杯分(180g)
- にらたまソーセージの材料(作りやすい分量)
    - にら … 1束
    - 卵 … 2個
    - ソーセージ … 2本
    - みりん、しょうゆ … 各小さじ1
    - 塩、こしょう … 各少々
    - ごま油 … 少々
- 白いりごま … 大さじ½
- 焼きのり(全形) … ½枚(19ページ参照)
- 仕上げ用の白ごま(すりごまといりごま) … 適量

作り方
1. にらたまソーセージを作る。にらは1〜2cm長さに切る。ソーセージは縦半分に切って、5mm〜1cm長さに切る。卵は溶きほぐす。
2. フライパンにごま油をひき、ソーセージを炒める。さらににらを加えて炒め、みりん、塩、こしょう、しょうゆで味つけする。卵を加え、ふわっと混ぜて火を通す。
3. ご飯、2のにらたまソーセージ適量、いりごまをざっくり混ぜ合わせる。
4. ⅓量ずつ三角形ににぎり、のりを巻き、ごまをふる(21ページ参照)。

VEGETABLES

旬の野菜のおかずもおにぎりのメインの具に。おかかとごま油を使うと、野菜だけでも風味豊かな食べごたえあるおにぎりになります。煮ものには、きぬさやを合わせて、冴えた緑色と歯ごたえを楽しみます。

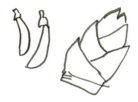

『たけのこの煮ものときぬさや』

材料(3個分)

- 炊きたてのご飯…茶碗多めの1杯分(180g)
- たけのこの煮ものの材料(作りやすい分量)
    - たけのこ(水煮)…1個
    - ごま油…適量
    - 水…約1カップ
    - 酒、みりん、しょうゆ…各大さじ1
    - 砂糖…大さじ½
    - 削り節(2.5g入り)…1袋
- きぬさや…3～5さや
- 塩…少々
- 白いりごま…大さじ½
- 焼きのり(全形)…½枚(19ページ参照)
- 仕上げ用の白ごま(すりごまといりごま)…適量

作り方

1. たけのこの煮ものを作る。たけのこは2cm大に切る。フライパンにごま油をひいてたけのこを炒める。水、酒、みりん、しょうゆ、砂糖を加えて煮含める。汁気がなくなってきたら、削り節を加えて混ぜる。
2. きぬさやは筋を取って塩ゆでし、5mm幅に切る。
3. ご飯、1のたけのこの煮もの適量、2のきぬさや、いりごまをざっくり混ぜ合わせる。
4. ⅓量ずつ三角形ににぎり、のりを巻き、ごまをふる(21ページ参照)。

にんじんが甘い♡
削り節とごま油で
にんじん嫌いにも
食べやすい味に

『にんじんふりかけ』

「ののじ サラダおろし」を愛用
（粗めでおろします）

材料（3個分）
- 炊きたてのご飯…茶碗多めの1杯分（180g）
- にんじんふりかけの材料（作りやすい分量）
   - にんじん…1本
   - ごま油…適量
   - しょうゆ、みりん…各小さじ1
   - 白いりごま…大さじ1
   - 削り節（2.5g入り）…1〜2袋
   - 塩…ふたつまみ
- 白いりごま…大さじ½
- 焼きのり（全形）…½枚（19ページ参照）
- 仕上げ用の白ごま（すりごまといりごま）…適量

作り方
1. にんじんふりかけを作る。スライサーでにんじんをせん切りにする。フライパンにごま油をひいてにんじんをしっかり炒める。水分がほぼ飛んだら、しょうゆ、みりん、いりごま、削り節を加えてさらに炒め、塩で味をととのえる。
2. ご飯、1のふりかけ適量、いりごまをざっくり混ぜ合わせる。
3. ⅓量ずつ三角形ににぎり、のりを巻き、残りのふりかけを適量のせ、ごまをふる（21ページ参照）。

VEGETABLES

季節の青みの野菜は、ゆでて天かすのコクと、おかかや昆布のうまみといっしょにめんつゆで味つけすると、充分満足できる味に。

TASTY TIPS

菜の花のおひたしで季節の味に

ほのかな苦みの春の菜っぱは、めんつゆをからめて。歯ごたえと特有の味わいがあり、おにぎりのメインの具にも、サブの具にも役立ちます。

『菜の花のおひたし&天かすとゆかり』

材料（3個分）

- 炊きたてのご飯
  …茶碗多めの1杯分（180g）
- 菜の花のおひたしの材料
  - 菜の花…5〜7本
  - 塩…少々
  - 削り節（2.5g入り）…1袋
  - 白すりごま…大さじ1
  - めんつゆ…大さじ½〜1
- 天かす…大さじ2
- ゆかりふりかけ®
  …小さじ½
- 焼きのり（全形）
  …½枚（19ページ参照）
- 仕上げ用の白ごま（すりごまといりごま）…適量

作り方

1. 菜の花のおひたしを作る。沸騰した湯に塩を加え、菜の花を茎からゆっくり入れて1分〜1分30秒ゆでる。冷水にとって軽く絞り、細かく切る。削り節、すりごま、めんつゆであえる。
2. ご飯、1、天かす、ゆかり®をざっくり混ぜ合わせる。
3. ⅓量ずつ三角形ににぎり、のりを巻き、ごまをふる（21ページ参照）。

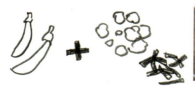

『きぬさや&天かす昆布』

材料（3個分）と作り方

ご飯、**めんつゆ大さじ½**をからめた**天かす大さじ2**、塩ゆでして5mm幅に切った**きぬさや3〜6さや**、**塩昆布大さじ½**、**白いりごま大さじ½**を混ぜ、おにぎりを作る。

おべんとうのおにぎりは、のりで全体をくるむのでまっ黒。蒸れないようアルミホイルで包んで、持って行きます。

おべんとうに持って行くときは、全体をのりでくるんでしまいます。中身は食べてのお楽しみです

　夫のおべんとうのおにぎりは、のりで全体をくるんで真っ黒なおにぎりにしています。これはおにぎりのてっぺんに明太子やツナや大葉をのせて帽子のように飾って仕上げたときも同じです。全体をのりでおおってしまえば、片手でつかんで持ちやすく、食べるときに具がこぼれることもありません。

　のりでくるんだおにぎりはアルミホイルで包むだけ。夫がアルミホイルを開けたときのおにぎりは、いつも同じまっ黒なおにぎり。ひと口食べるまで何おにぎりかはわかりません。その日のおにぎりの具はひと口食べるまでのお楽しみというわけです。

　具を作らずに、市販のふりかけや漬けものを混ぜるだけのおにぎりにすることもあります。手をかけずに簡単にすませたい日だってもちろんあるんです。いろいろな市販の混ぜ込みふりかけや漬けものを開拓するのもひそかな楽しみです。

夫は毎朝、夜が明ける前に出かけるので、夜中のうちに玄関脇のテーブルに飲みものといっしょに置いておきます。

酢めしは最高のつなぎ役

ご飯を酢めしにすると、ごちそうおにぎりの味のバリエーションが広がります。
酢めしには和風のおかずが合うのはもちろん、洋風の食材など
どんな具のときもちゃんと味が決まるので、すっかり頼りにしています。

SUMESHI

CUCUMBER

酢めし おにぎり

酢めしは、分量のご飯に調味酢（またはすし酢）を混ぜるだけでできるので、とっても簡単です。

うちのちらしずしに必ずのせるのが、きゅうりの塩もみ。さっぱりとしてパリパリと歯ごたえがよく、ちらしずしのときには、いちばん最初になくなってしまうほどです。

そんなきゅうりの塩もみは、酢めしのおにぎりにも、よく入れています。きゅうりは、合わせる具のおいしさを引き立て、さわやかな食感と彩りを添えてくれる、酢めしおにぎりの名脇役です。

酢めしは、分量のご飯に調味酢を混ぜるだけ！

ぎゅっ　時間がたっても水っぽくならないようきゅうりの水気はしっかり絞る

マヨネーズのコクをプラス
🎵 スモークサーモン＆きゅうり＆クリームチーズ 🎵

シンプルなのもおすすめ

材料（3個分）
- 酢めしの材料
  - 炊きたてのご飯
    …茶碗多めの1杯分（180g）
  - 調味酢（またはすし酢・市販）
    …大さじ1½強
- 具の材料
  - スモークサーモン…3枚
  - きゅうり…⅓本
  - 塩…少々
  - クリームチーズ…1〜2個
  - マヨネーズ…小さじ1
- 白いりごま…大さじ½
- 焼きのり（全形）
    …½枚（19ページ参照）
- 仕上げ用の白ごま（すりごまといりごま）…適量

作り方
1. スモークサーモンは食べやすい大きさに切る。きゅうりは薄い小口切りにし、塩もみして水気をしっかり絞る。クリームチーズは1cm角に切り、マヨネーズであえる。
2. ご飯に調味酢を回しかけて混ぜ、酢めしにする。
3. 酢めし、1、いりごまをざっくり混ぜ合わせる。
4. ⅓量ずつ三角形ににぎり、のりを巻き、ごまをふる（21ページ参照）。

🎵 あぶりたらこときゅうり 🎵

材料（3個分）と作り方
たらこ½腹をアルミホイルにのせてグリルであぶる。飾り用に1cm長さに切って3切れ取り分け、残りを大まかにほぐす。酢めし（左記参照）、**きゅうりの塩もみ⅓本分**、ほぐしたたらこ、**白いりごま大さじ½**を混ぜ、おにぎりを作る。飾り用のたらこをのせて仕上げる。

SCRAMBLED EGGS

卵焼きのおすしが好きなので、酢めしに卵を合わせておにぎりにしています。おにぎりにするときは、ご飯に混ぜ込むので、卵はフライパンでざっと火を通すだけでできる、いり卵。卵焼き器で巻きながら卵焼きを作るよりもずっと簡単です。シンプルな卵だけの酢めしおにぎりにすると、卵焼きのおすしと同じ味が堪能でき（9、25ページ参照）、ほかの具と組み合わせれば、異なる食感やうまみが重なり合った絶妙な味が楽しめます。

『えびたまマヨ』

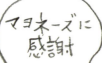 マヨネーズに感謝

材料（3個分）

- 酢めしの材料
  - 炊きたてのご飯…茶碗多めの1杯分（180g）
  - 調味酢（またはすし酢・市販）…大さじ1½強
- いり卵の材料
  - A 卵…2個
  - 砂糖…大さじ½
  - マヨネーズ…大さじ½
  - しょうゆ（または塩）…少々
  - 水…大さじ1
  - サラダ油…小さじ1〜1½
- えびマヨの材料
  - 小えび…10尾
  - 片栗粉…適量
  - 塩、こしょう…各少々
  - マヨネーズ…ひと回し
  - サラダ油…少々
- 白いりごま…大さじ½
- 焼きのり（全形）…½枚（19ページ参照）
- 仕上げ用の白ごま（すりごまといりごま）…適量

作り方

1. Aを混ぜ、フライパンにサラダ油を熱したところに入れていり卵を作る（47ページ参照）。
2. えびマヨを作る。えびは塩、こしょう、片栗粉をまぶす。フライパンにサラダ油をひいてえびを焼き、マヨネーズをからめる。
3. ご飯に調味酢を回しかけて混ぜ、酢めしにする。
4. 酢めし、いり卵適量、2のえびマヨ、いりごまをざっくり混ぜ合わせる。
5. ⅓量ずつ三角形ににぎり、のりを巻き、ごまをふる（21ページ参照）。

酢めし おにぎり

(甘く煮た にんじんが 合う)

『 いり卵とにんじん 』

材料（3個分）と作り方
にんじん¼本はせん切りにし、水50㎖、顆粒和風だしの素、塩各ひとつまみ、砂糖ふたつまみとともに鍋に入れ、やわらかくなるまで煮る。酢めし（62ページ参照）、いり卵適量、白いりごま大さじ½とともに混ぜ、おにぎりを作る。

『 いり卵と大葉 』

(ふんわり ふわふわ)

材料（3個分）と作り方
酢めし（62ページ参照）、いり卵適量、細切りにした大葉3枚（24ページ参照）、白いりごま大さじ½を混ぜ、おにぎりを作る。仕上げにいり卵適量を上にのせる。

(歯ごたえが いいね♪)

『 いり卵とスナップえんどう 』

材料（3個分）と作り方
酢めし（62ページ参照）、いり卵適量、筋を取って塩ゆでして5mm幅に切ったスナップえんどう3さや、白いりごま大さじ½を混ぜ、おにぎりを作る。

TUNA & MAYONNAISE

ツナマヨのおにぎりは、ふつうのご飯で作ってもおいしいのですが（39、44ページ参照）、酢めしに合わせると、さらに充実した味わい。
　こってりしたツナマヨの酢めしおにぎりには、大葉が欠かせません。さわやかな風味で、うまみが際立ち、食欲が止まらなくなりそうな危険な組み合わせ。甘辛しょうゆ味、わさび風味、どちらもおすすめです。

『甘辛ツナマヨと大葉』

材料（3個分）
- 酢めしの材料
  - 炊きたてのご飯…茶碗多めの1杯分（180g）
  - 調味酢（またはすし酢・市販）…大さじ1½強
- 甘辛ツナマヨの材料
  - ツナ缶（小）…1缶（70g）
  - しょうゆ…大さじ1
  - 砂糖…大さじ½
  - マヨネーズ…大さじ½
- 大葉…3枚
- 白いりごま…大さじ½
- 焼きのり（全形）…½枚（19ページ参照）
- 仕上げ用の白ごま（すりごまといりごま）…適量

作り方
1. 甘辛ツナマヨを作る。フライパンにツナの油をきって入れ、そのほかの材料を入れて汁気がなくなるまで炒める。
2. 大葉は細切りにする（24ページ参照）。
3. ご飯に調味酢を回しかけて混ぜ、酢めしにする。
4. 酢めし、甘辛ツナマヨ、2の大葉、いりごまをざっくり混ぜ合わせる。
5. ⅓量ずつ三角形ににぎり、のりを巻き、ごまをふる（21ページ参照）。

酢めし おにぎり

『ツナマヨわさびと大葉』

材料(3個分)

- 酢めしの材料
  - 炊きたてのご飯…茶碗多めの1杯分(180g)
  - 調味酢(またはすし酢・市販)…大さじ1½強
- ツナマヨの材料
  - ツナ缶(小)…1缶(70g)
  - マヨネーズ…大さじ1〜1½
  - 削り節…ひとつまみ
  - ケチャップ(またはめんつゆ)…小さじ1
- 大葉…3枚
- わさび…適量
- 白いりごま…大さじ½
- 焼きのり(全形)…½枚(19ページ参照)
- 仕上げ用の白ごま(すりごまといりごま)…適量

作り方

1. ツナマヨを作る。ツナの油をきってマヨネーズ、削り節、ケチャップと混ぜる。
2. 大葉は細切りにする(24ページ参照)。
3. ご飯に調味酢を回しかけて混ぜ、酢めしにする。
4. 酢めし、2の大葉、いりごまをざっくり混ぜ合わせる。
5. ⅓量ずつ三角形ににぎるとき、中心にツナマヨ適量、わさび少々を入れてにぎり、のりを巻く。仕上げに残りのツナマヨ、わさび少々をのせ、ごまをふる(21ページ参照)。

混ぜるだけのツナマヨはケチャップも混ぜるとおいしくなる。めんつゆでもOK

『ツナマヨとスナップえんどう』

材料(3個分)と作り方

酢めし(上記参照)、**ツナマヨ適量**(上記の「ツナマヨわさびと大葉」参照)、塩ゆでして5mm幅に切った**スナップえんどう3〜5さや**、**白いりごま大さじ½**を混ぜ、おにぎりにする。

KINPIRA & NIMONO

夕ごはんに昔ながらのしょうゆ味のおかずを作ったときには、一部を取り分けて、よく酢めしおにぎりの具にします。

油揚げの酢めしおにぎりは、油揚げをいなりずしのお揚げのような味に煮たものを混ぜ込みます。きんぴられんこんも、シャキシャキした歯ざわりが酢めしによく合うおかず。しょうゆ味のおかずのときは、にんじんも入れると甘みでおいしくなり、彩りもよくなります。

『油揚げの煮もの』

材料（3個分）
- 酢めしの材料
    - 炊きたてのご飯…茶碗多めの1杯分（180g）
    - 調味酢（またはすし酢・市販）…大さじ1½強
- 油揚げの煮ものの材料
    - 油揚げ…1½枚
    - にんじん…⅛本
    - 水…50㎖
    - しょうゆ、みりん、砂糖…各大さじ½
    - 顆粒和風だしの素…ひとつまみ
- 白いりごま…大さじ½
- 焼きのり（全形）…½枚（19ページ参照）
- 仕上げ用の白ごま（すりごまといりごま）…適量

作り方
1. 油揚げの煮ものを作る。油揚げは食べやすい大きさに切る。にんじんはせん切りにする。そのほかの材料とともに鍋に入れ、汁気がなくなるまで煮る。
2. ご飯に調味酢を回しかけて混ぜ、酢めしにする。
3. 酢めし、1の油揚げの煮もの、いりごまをざっくり混ぜ合わせる。
4. ⅓量ずつ三角形ににぎり、のりを巻き、ごまをふる（21ページ参照）。

酢めし
おにぎり

材料（3個分）

- 酢めしの材料
  - 炊きたてのご飯 … 茶碗多めの1杯分（180g）
  - 調味酢（またはすし酢・市販）… 大さじ1½強
- きんぴられんこんの材料（作りやすい分量）
  - れんこん … 1節
  - にんじん … ⅓本
  - 酢 … 少々
  - ごま油 … 適量
  - 酒、みりん、しょうゆ … 各大さじ1
  - 砂糖 … 大さじ½〜1
  - 白いりごま … 大さじ1
- 大葉 … 3枚
- 焼きのり（全形）… ½枚（19ページ参照）
- 仕上げ用の白ごま（すりごまといりごま）… 適量

作り方

1. きんぴられんこんを作る。れんこんは皮をむいて薄いいちょう切りにし、酢を入れた水にさらす。にんじんはせん切りにする。フライパンにごま油をひき、水気をよくきったれんこん、にんじんを炒める。酒、みりん、しょうゆ、砂糖を加えて炒める。汁気がなくなったらいりごまを混ぜる。
2. 大葉は細切りにする（24ページ参照）。
3. ご飯に調味酢を回しかけて混ぜ、酢めしにする。
4. 酢めし、1のきんぴられんこん適量、2の大葉をざっくり混ぜ合わせる。
5. ⅓量ずつ三角形ににぎり、のりを巻き、ごまをふる（21ページ参照）。

『きんぴられんこん』

混ぜやすいよう、れんこんは薄く切って

TASTY TIPS

にんじんも彩り野菜として活用

家にいつもあるにんじんもよく使います。2〜3cm長さのせん切りにして煮ものやきんぴらに入れると、甘みも彩りも加わったごちそうおにぎりに。

まとめて酢めしを作りたいときは

炊いたご飯全部を酢めしにしたいときや、手作りのすし酢で作りたいときの参考にしてください。

炊きたてのご飯1合分
すし酢の材料（酢大さじ1½〜2　砂糖大さじ1　塩小さじ1）

すし酢の材料を耐熱容器に入れてラップをふんわりかけて電子レンジで温め、砂糖を溶かす。ご飯にすし酢を回しかけ、しゃもじできるように全体を混ぜる。

BACON & SAUSAGE

酢めしとベーコンやソーセージとの組み合わせは、意外に思われるかもしれませんが、これがとてもよい相性。

ベーコン、とうもろこし、菜っぱは、どれも夫の好物なので、この3つをいっしょに酢めしに混ぜ込みました。ベーコンやソーセージは、うまみが濃厚で塩気があるので、酢めしおにぎりのときは調味料を何もたさなくても、ゆで野菜といっしょに混ぜるだけで、簡単でおしゃれなごちそうおにぎりができます。

『ベーコン菜っぱコーン』

材料（3個分）

- 酢めしの材料
  - 炊きたてのご飯…茶碗多めの1杯分（180g）
  - 調味酢（またはすし酢・市販）…大さじ1½強
- ベーコン（ブロック）…40g
- コーン（冷凍）…大さじ1
- 大根の葉（塩ゆでして細かく切ったもの）…大さじ3
- 白いりごま…大さじ½
- 焼きのり（全形）…½枚（19ページ参照）
- 仕上げ用の白ごま（すりごまといりごま）…適量

作り方

1. ベーコンは1～2cm角に切り、アルミホイルを敷いた魚焼きグリルで焼く。コーンはゆでる。
2. ご飯に調味酢を回しかけて混ぜ、酢めしにする。
3. 酢めし、1のベーコンとコーン、大根の葉、いりごまをざっくり混ぜ合わせる。
4. ⅓量ずつ三角形ににぎり、のりを巻き、ごまをふる（21ページ参照）。

酢めし おにぎり

材料（3個分）
- 酢めしの材料
  - 炊きたてのご飯…茶碗多めの1杯分（180g）
  - 調味酢（またはすし酢・市販）…大さじ1½強
- ソーセージ…2〜3本
- はくさい菜…2〜3枚（または大根の葉15g）
- 塩…少々
- 白いりごま…大さじ½
- 焼きのり（全形）…½枚（19ページ参照）
- 仕上げ用の白ごま（すりごまといりごま）…適量

作り方
1. 沸騰した湯に塩を加え、はくさい菜を根元のほうからゆっくり入れて1分〜1分30秒ゆでる。冷水にとって絞り、細かく切る。
2. ソーセージはアルミホイルを敷いた魚焼きグリルで焼き、縦半分に切って5mm幅に切る。
3. ご飯に調味酢を回しかけて混ぜ、酢めしにする。
4. 酢めし、1の菜っぱ、2のソーセージ、いりごまをざっくり混ぜ合わせる。
5. ⅓量ずつ三角形ににぎり、のりを巻き、ごまをふる（21ページ参照）。

『 ソーセージとはくさい菜 』

ベーコンとソーセージがあれば
いつでも
ごちそうおにぎりが
できる！

グリルで焼くから、香ばしい

MEALS

酢めし
おにぎり

ハンバーグやから揚げのような肉おかずも、酢めしと合わせれば、食べごたえ抜群のおいしいおにぎりができます。

夕ごはんのおかずがハンバーグのときは、おにぎり用に小さめのものも作ります。うちのハンバーグは、たねにケチャップやソースで味をつけて作るので、ソースなしで食べられます。コクを出すためのかくし味はマヨネーズ。焼き上がりもさめてからも、しっとりジューシーです。

ハンバーグとチーズ

材料（3個分）

- 酢めしの材料
  - 炊きたてのご飯 … 茶碗多めの1杯分（180g）
  - 調味酢（またはすし酢・市販） … 大さじ1½強
- ハンバーグだねの材料
  - 合いびき肉 … 100g
  - 玉ねぎ … ⅛ ~ ⅙個
  - 溶き卵 … ½個分
  - パン粉 … 大さじ2
  - 牛乳 … 小さじ1
  - ケチャップ … 大さじ½
  - とんかつソース … 小さじ½
  - マヨネーズ … 小さじ½
  - 小麦粉 … 小さじ½
  - 塩、こしょう … 各少々
- サラダ油 … 適量
- プロセスチーズ … 1~2個
- パセリのみじん切り … 1枝分
- 白いりごま … 大さじ½
- 焼きのり（全形）… ½枚（19ページ参照）
- 仕上げ用の白ごま（すりごまといりごま）… 適量

作り方

1. ハンバーグを作る。玉ねぎはみじん切りにし、パン粉は牛乳でふやかす。ボウルにハンバーグだねのすべての材料を入れ、ざっと混ぜる。3等分し、小判形にまとめる。フライパンにサラダ油を熱し、両面を焼く。
2. チーズは1cm角に切る。
3. ご飯に調味酢を回しかけて混ぜ、酢めしにする。
4. 酢めし、パセリ、チーズ、いりごまをざっくり混ぜ合わせる。
5. ⅓量ずつまとめ、三角形ににぎるとき、まん中にハンバーグを突き刺して、おにぎりにする。のりを巻き、ごまをふる（21ページ参照）。

鶏のから揚げとコーン

材料（3個分）と作り方

鶏のから揚げ2~3個は温め直し、2~3cm大に切る。酢めし（左記参照）、ゆでた**コーン大さじ2**、パセリのみじん切り1枝分、**白いりごま大さじ½**を混ぜる。三角形ににぎるとき、から揚げを突き刺して、おにぎりを作る。

※鶏のから揚げを切ってから、あれば、BBQソース（市販）を混ぜると、さらにがっつりした味になってよりおいしくできる。

香ばしさもごちそう、焼きおにぎり

おにぎりの中でも、焼いて食べる焼きおにぎりには、また違った魅力があります。こんがりとした焼き色としょうゆの香ばしい香りが食欲を誘う、特別なおにぎり。家にある材料で手軽にできるのもいいところです。

CORN

焼きおにぎりは、カリカリに焼けたおこげのようなご飯の香ばしさや焦げたしょうゆの香りがなんとも言えず、主食というより、酒のつまみとしてよく作っています。

ご飯はいつも炊いてあるので、冷蔵庫にある食材と合わせ、思いつきで作ったものがおつまみになるので、とても楽。

いちばん好きなのが、焼きとうもろこしの味が楽しめる、とうもろこしの焼きおにぎり。こんがり焼けたチーズもおいしいので、チーズ入りもよく作ります。焼けたときの香ばしい香りを想像しながら、気まぐれでご飯に具を混ぜて、真夏以外一年じゅう楽しんでいます。

A

B

C

ごま油風味が食欲をそそる!

甘めが好みなら
しょうゆ1対みりん1対ごま油1/2
おつまみにするときは、
しょうゆ1対みりん1/2対ごま油1/2

焼きおにぎり

『とうもろこしの焼きおにぎり』

材料（3個分）
- 温かいご飯 … 茶碗多めの1杯分（180g）
- コーン（冷凍）… 大さじ2〜3
- 白いりごま … 大さじ½
- たれの材料
    - しょうゆ … 小さじ1
    - みりん … 小さじ½〜1
    - ごま油 … 小さじ½

準備：魚焼きグリルの網の上（またはオーブントースターの天板）に、アルミホイルを敷く。

作り方
1. コーンはゆでる。
2. ご飯、コーン、いりごまをざっくり混ぜ合わせる（**A**）。
3. ⅓量ずつ三角形ににぎり（**B**）、アルミホイルに並べる。
4. たれの材料を混ぜ合わせ、3のおにぎりにスプーンで半量程度ふりかける（**C**）。
5. 魚焼きグリル（またはオーブントースター）で焼き色がつくまで焼く。途中で残りのたれ適量をかける。

〜菜っぱがあるときは〜

『おかか菜っぱ入りとうもろこしの焼きおにぎり』

大根の葉っぱのおかかあえ（大根の葉を塩ゆでして細かく切ったもの大さじ2に削り節、白すりごま、めんつゆ各少々を混ぜたもの）もいっしょにご飯に混ぜて、上記と同じ要領で焼きおにぎりを作る。

MENTAIKO & CHEESE & MA

明太子×チーズ×マヨネーズは
たまらないおいしさ!

焼きおにぎり

あぶり明太チーズマヨ

材料（3個分）
- 温かいご飯…茶碗多めの1杯分（180g）
- 明太子…½腹
- プロセスチーズ…2個
- マヨネーズ…大さじ1
- 白いりごま…大さじ½
- たれの材料
  - しょうゆ…小さじ1
  - みりん…小さじ½〜1
  - ごま油…小さじ½
- 仕上げ用の白ごま（すりごまといりごま）…適量

準備：魚焼きグリルの網の上（またはオーブントースターの天板）に、アルミホイルを敷く。

作り方
1. 明太子は魚焼きグリル（またはオーブントースター）でさっとあぶる。飾り用に約1cm長さに切って3切れ取り分け、残りをほぐす。
2. チーズは1cm角に切り、ほぐした明太子といっしょにマヨネーズであえる。
3. ご飯、2の明太チーズマヨ、いりごまをざっくり混ぜ合わせる。
4. ⅓量ずつ三角形ににぎり、アルミホイルに並べる。
5. たれの材料を混ぜ合わせ、4のおにぎりにスプーンで半量程度ふりかける。
6. 魚焼きグリル（またはオーブントースター）で焼き色がつくまで焼く。途中で残りのたれをかける。仕上げに飾り用の明太子をのせ、ごまをふる（21ページ参照）。

明太マヨ＆チーズ

材料（3個分）
- 温かいご飯…茶碗多めの1杯分（180g）
- 明太子…½腹
- スライスチーズ（チェダー）…3枚
- マヨネーズ…大さじ1
- しょうゆ…少々

準備：魚焼きグリルの網の上（またはオーブントースターの天板）に、アルミホイルを敷く。

作り方
1. 明太子はほぐし、マヨネーズ、しょうゆであえる。
2. ご飯⅓量ずつをにぎって白いご飯の丸いおにぎりを作る。
3. アルミホイルに、スライスチーズ半量をちぎって3カ所におき、その上に2のおにぎりをのせ、残りのスライスチーズ、1の明太マヨの順にのせる。
4. 魚焼きグリル（またはオーブントースター）で焼き色がつくまで焼く。

ベーコン&チーズ&
菜っぱは子どもも大人も
みんな大好き！

『ベーコンチーズ菜っぱ』

材料（3個分）と作り方

1. **ベーコン**（ブロック）**50g** は1〜2cm角に切ってアルミホイルを敷いたグリルでさっと焼く。**プロセスチーズ2個**は1cm角に切る。ご飯、ベーコン、チーズ、塩ゆでして細かく切った**大根の葉大さじ3**、**白いりごま大さじ½**を混ぜ、おにぎりを作る。
2. 72ページの「とうもろこしの焼きおにぎり」の作り方**4**、**5**と同じ要領でたれをふって焼く。仕上げに白ごまをふる（21ページ参照）。

『肉そぼろとチーズ』

材料（3個分）と作り方

1. **プロセスチーズ2個**は1cm角に切る。ご飯、**ひき肉そぼろ**（54ページ参照）**大さじ3**、チーズ、**白いりごま大さじ½**を混ぜ、おにぎりを作る。
2. 72ページの「とうもろこしの焼きおにぎり」の作り方**4**、**5**と同じ要領で、たれの代わりに**しょうゆ適量**をふって焼く。仕上げに白ごまをふる（21ページ参照）。

焼きおにぎり

焼きカレーの味

カレーが残っていたら♪

『カレー味のチーズおかかコーン』

材料(3個分)と作り方

1. **プロセスチーズ2個**は1cm角に切り、**削り節**（2.5g入り）**½袋**をからめ、チーズおかかを作る。**コーン**（冷凍）**大さじ1**はゆでる。ご飯、チーズおかか、コーン、**カレーの残り大さじ3**、**白いりごま大さじ½**を混ぜ、おにぎりを作る。
2. 72ページの「とうもろこしの焼きおにぎり」の作り方**4**、**5**と同じ要領でたれをふって焼く。仕上げに白ごまをふる（21ページ参照）。

『ちりめん山椒とゆかり』

材料(3個分)と作り方

1. ご飯、**ちりめん山椒大さじ1〜2**、**ゆかりふりかけ®小さじ½**、**白いりごま大さじ½**を混ぜ、おにぎりを作る。
2. 72ページの「とうもろこしの焼きおにぎり」の作り方**4**、**5**と同じ要領でたれをふって焼く。仕上げに白ごまをふる（21ページ参照）。

CHEESE & OTHERS

色は地味でも味はとっておき
炊き込みご飯のおにぎり

TAKIKOMI

　ツナと昆布の炊き込みご飯は、材料が覚えやすく簡単なわりに、ツナと昆布のうまみに、大豆のしっかりしたかみごたえのメリハリがきいて、おいしいので気に入っています。

　大豆が好きなのでよく炊き込みご飯に入れています。分量は大さじ2～3から150gくらいまでそのときどきで異なりますが、食感やうまみが増すので、欠かせない食材です。

　たけのこ、グリーンピース、栗などは、毎年時季になると、炊き込みご飯でも味わいたい季節ならではの味。炊きたてで味わった翌日は、おかかや塩昆布などのうまみ食材を加えておにぎりにしたり、焼きおにぎりにしたり。1回炊いたら2度、3度楽しんで、味わいつくしています。

TASTY TIPS

かみごたえとうまみも加わる大豆の水煮

炊き込みご飯を炊くときに入れると、食感に変化がついてうまみも増します。常備しておくと便利。入れる量は好みで加減できます。

炊き込みご飯おにぎり

炊き込みご飯で作ったおにぎりも
たびたびインスタグラムに投稿するのですが、
残念なことにあまり人気がありません。
ご飯が具のうまみをたっぷり含んでふっくらと炊き上がる
炊き込みご飯で作るおにぎりは、
彩りは地味でも格別のごちそうです。

味つけはツナ缶と塩昆布におまかせ

米と水のほかに入れる材料は、ツナ1缶（70ｇ・油ごと使う）、にんじん1本のせん切り、塩昆布1袋（30ｇ）、好みの量の大豆の水煮。ツナのうまみと塩昆布の塩気で味つけできるから調味料いらず。

1回作れば、次からはレシピなしで作れます。
いつもの炊き込みご飯で、ごちそうおにぎりを

ツナと昆布

材料（作りやすい分量・15〜18個分）
- 米…3合（540ml）
- ツナ缶（小）…1缶（70ｇ）
- にんじん…1本
- 塩昆布…1袋（30ｇ）
- 大豆（水煮）…大さじ3
- 仕上げ用の白ごま（すりごまといりごま）…適量

作り方
1. 米は洗って水に浸し、30分〜1時間おく。
2. にんじんはせん切りにする。
3. 1の米をざるに上げて水をきって鍋に入れ、ツナを油ごと入れ、にんじん、塩昆布、大豆をのせる。水540mlを入れる。
4. ふたをして強火にかけ、沸騰したら弱火にして10分炊く。火を止めて10分蒸らし、大きく混ぜる。
5. 茶碗多めの1杯分（約180ｇ）を3個ずつ三角形ににぎり、ごまをふる（21ページ参照）。

●炊き込みご飯のときもほかのごちそうおにぎり同様、ご飯茶碗多めの1杯分（180ｇ）で3個のおにぎりを作ります。炊いた炊き込みご飯すべてをおにぎりにした場合は、2合分で10〜12個、3合分で15〜18個できます。

大葉のごま油あえをのせ、さわやかな風味を

豆は生を使うと格別においしい

『たけのこと大豆と大葉』

材料（3個分）と作り方
大葉3枚は細切りにし（24ページ参照）、ごま油、塩各少々を混ぜ、大葉のごま油あえを作る。温かい「たけのこと大豆の炊き込みご飯」茶碗多めの1杯分（180g）に白いりごま大さじ½を混ぜ、おにぎりを作る。仕上げに大葉のごま油あえをのせ、白ごまをふる（21ページ参照）。
※大葉のごま油あえは、おにぎり1個につき大葉1枚分をのせるのがおすすめ。

たけのこと大豆の炊き込みご飯

材料（作りやすい分量・おにぎり10〜12個分）
- 米…2合（360㎖）
- たけのこ（水煮）…1個（100g）
- 大豆（水煮）…1袋（約150g）
- ごま油…大さじ1
- A（しょうゆ大さじ1〜1½ 酒、みりん各大さじ1 塩ひとつまみ 顆粒和風だしの素小さじ1）

作り方
1. 米は洗って水に浸し、30分〜1時間おく。
2. たけのこは食べやすい大きさに切る。フライパンにごま油をひき、たけのこを炒める。大豆とAを加え、汁気が少し残る程度まで煮からめる。ざるに上げて煮汁と具を別にする。煮汁は水と合わせて合計360㎖にする。
3. 米をざるに上げ、水気をきって鍋に入れ、2の具をのせ、2の水を入れる。ふたをして強火にかけ、沸騰したら弱火にして10分炊く。火を止めて10分蒸らす。

『豆と昆布』

材料（3個分）と作り方
温かい「豆ご飯」茶碗多めの1杯分（180g）、塩昆布大さじ½、白いりごま大さじ½を混ぜ、おにぎりを作る。仕上げにごまをふる（21ページ参照）。

豆ご飯

材料（作りやすい分量・おにぎり10〜12個分）
- 米…2合（360㎖）
- グリーンピース（生・さやから出したもの）…100g
- 塩、酒…各大さじ½

作り方
1. 米は洗って水に浸し、30分〜1時間おく。
2. 水360㎖を計量し、酒の分大さじ½を減らしておく。
3. 米の水気をきって鍋に入れ、塩、酒、2の水を入れ、グリーンピースをのせ、ふたをする。強火にかけ、沸騰したら弱火にして10分炊く。火を止めて10分蒸らす。

TASTY TIPS

うまみと味つけもでき、混ぜればごちそうおにぎりに

塩昆布は混ぜると具が増えると同時にうまみも塩気も合わさり、簡単にごちそうおにぎりができる便利食材（20、33、40、41、43、45、46、58、79ページもご参考に）。

炊き込みご飯おにぎり

おかかじょうゆを混ぜると、うまみが増す

『とうもろこしとおかか』

材料（3個分）と作り方
削り節（2.5g入り）**1袋、白いりごま大さじ½、しょうゆ少々を混ぜ、おかかじょうゆを作る。温かい「とうもろこしご飯」茶碗多めの1杯分**（180g）、おかかじょうゆの半量を混ぜ、おにぎりを作る。残りのおかかじょうゆをのせ、白ごまをふる（21ページ参照）。

とうもろこしご飯

材料（作りやすい分量・おにぎり10〜12個分）
- 米…2合（360ml）
- とうもろこし…1本
- 塩、酒…各大さじ½

作り方
1. 米は洗って水に浸し、30分〜1時間おく。
2. とうもろこしは皮をむいて根元を切り、包丁で実を削ぐか手ではずす。芯の部分もいっしょに炊くので半分に切るか折る。水360mlを計量し、酒の分大さじ½を減らしておく。
3. 米の水気をきって鍋に入れ、塩、酒、2の水を入れ、とうもろこしの実と芯をのせ、ふたをする。強火にかけ、沸騰したら弱火にして10分炊く。火を止めて10分蒸らす。

芯も入れて炊くととうもろこしのうまみたっぷりに！

炊き込み
ご飯
おにぎり

食欲の秋の
おつまみにぴったり！

しょうゆだれを塗って
こんがり焼いて

『 栗の香ばし焼き 』

材料（3個分）と作り方
温かい「栗ご飯」茶碗多めの1杯分（180g）に白いりごま大さじ1を混ぜ、おにぎりを作る。しょうゆ小さじ1、みりん小さじ1/2～1、ごま油小さじ1/2を混ぜてたれを作り、焼きおにぎりにする（72ページ参照）。仕上げに白ごまをふる（21ページ参照）。

栗ご飯

材料（作りやすい分量・おにぎり10～12個分）
- 米…2合（360ml）
- 栗…20粒
- 塩、酒…各大さじ1/2

作り方
1. 米は洗って水に浸し、1時間おく。
2. 栗は鬼皮と渋皮をむく。水360mlを計量し、酒の分大さじ1/2を減らしておく。
3. 米の水気をきって鍋に入れ、塩、酒、2の計量した水を入れ、栗をのせ、ふたをする。強火にかけ、沸騰したら弱火にして10分炊く。火を止めて10分蒸らす。

パート2

つまみに
ポテサラ、
シメの
ホットサンド

ほくほくのじゃがいもで作るポテトサラダと
ビールでお疲れさま!
こんがりトーストした、具がぎっしりの
ホットサンドでごちそうさま!

ポテトサラダは
たっぷりのゆで卵入り

じゃがいもは、ほっくりした男爵系が好み

蒸したじゃがいもは、熱いうちに皮をむく。熱いうちだと、皮だけを薄くむくことができ、芽の部分も除きやすい。

じゃがいもに下味をつけてさまし、マヨネーズをざっと混ぜて味つけしてから、すべての材料をざっくりと混ぜる。

　夫も私もとにかくポテトサラダが大好きなので、いつも多めに作ります。味つけの秘訣は、熱いうちに調味酢でしっかり下味をつけておくこと。味の輪郭がはっきりして、おいしさが増します。

　じゃがいもは、皮つきのまま圧力鍋で蒸すと、ほくほくの蒸し上がりに。ふたを開けるまで多少長く置いても大丈夫。火が通りすぎることはありません。早くて楽でおいしいので、じゃがいもを蒸すときは圧力鍋を使っています。

　ポテトサラダに欠かせないのが、半熟ゆで卵。とろんとした黄身とほくっとしたじゃがいもの取り合わせがたまりません。大きめにざっくり割って、たっぷりと入れています。

ゆで卵と玉ねぎが味の決め手
[ふつうのポテトサラダ]

材料（うちのいつもの量）

- じゃがいも（小）…8個（約500g）
- 玉ねぎ…½個
- きゅうり…½本
- 卵…3個
- ハム…3〜4枚
- コーン（冷凍）…½カップ
- 調味酢（市販）…大さじ1
- 塩、こしょう…各少々
- マヨネーズ…大さじ6〜8
- 青じそドレッシング（市販）…適宜

作り方

1. 卵をゆでる。冷蔵庫から出したての卵を水からゆで始め、沸騰したら弱火で6分30秒（夏は6分20秒、冬は6分40秒）ゆで、氷水に入れたら殻にひびを入れて急冷。殻をむいて半分に割る。
2. 圧力鍋に2〜3cm深さの水を入れて付属のかごを置き、じゃがいもを並べる。ふたをして強火にかけ、圧力がかかったら弱火にして5分加圧し、自然冷却する。じゃがいもの皮をむき、熱いうちに塩、こしょう、調味酢を加えて混ぜ、ざっくりとつぶし、さます。
3. コーンはゆでる。きゅうりはスライサーで薄い小口切り、玉ねぎは縦に薄切り、ハムは2〜3cm大に切る。
4. 2のじゃがいもに、マヨネーズを加えて混ぜる。全体がかたいときは、青じそドレッシング適宜を加えてちょうどよいやわらかさにする。3を加えて混ぜ、ゆで卵を入れて適当に大きくくずし、ざっくり混ぜる。

卵をゆでる鍋は、卵3個がぴったりと入るサイズの「DANSK バターウォーマー」を愛用しています。

皮をむいたらすぐ、熱いうちに調味酢を混ぜてしっかりと下味をつけます。

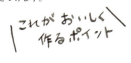
これがおいしく作るポイント

具を混ぜるときにくずれるので、ざっくりつぶせばよい。

いろんな具材で楽しむ、つまみのポテトサラダ

主役のじゃがいも以外にポテトサラダに必ず入れるのは、玉ねぎですが、季節によって新玉ねぎや紫玉ねぎに替えたりします。よく入れるのは、冷凍庫に常備している北海道産の大粒コーン、きゅうりの薄切り、ハム。キャベツやトマトなどの生野菜をたしたり、ブロッコリーや菜の花、スナップえんどうなど季節のゆで野菜を入れることもあります。ハムをほかの材料に替えるとがらっと違うポテトサラダになります。スモークサーモン、生ハム、明太子やゆでたえびにすることも。具材が同じでもじゃがいもの形を大きく残したり、マヨネーズにカレー粉をたしたり、しょうゆ＋ごま油をたしたりして、味や見た目に変化をつけて楽しんでいます。

ビールに合う
明太子＋マヨネーズ味

[明太子
ポテトサラダ]

85ページのふつうのポテトサラダのハムの代わりに**明太子½腹分**をざっとほぐして混ぜる。明太子の塩分が加わるので、味をみてマヨネーズの量を加減するといい。

じゃがいもはざっくり大きめ、
マスタード風味で大人の味に

[ごろごろ
　ポテトサラダ]

85ページのふつうのポテトサラダと同じ具材で作る。じゃがいもは、ざっくり大きめにくずし、ハムも大きめに切って使う。マヨネーズと同時に**ハニーマスタード小さじ2**を加えて味つけする。

マヨネーズにカレー粉を混ぜて

[カレー味の
　ポテトサラダ]

85ページのふつうのポテトサラダの味つけのマヨネーズに**カレー粉大さじ1**（マヨネーズ大さじ1につきカレー粉小さじ½が目安）を混ぜて。**キャベツのざく切り大1枚分**、**トマトのざく切り1個分**も加えて野菜たっぷりに。

ポテトサラダの次の日の楽しみ、シメのホットサンド

ホットサンドじょうずになる！
グリルホットサンドメッシュ
ステンレス製のメッシュ状なので、具をたっぷりはさむことができ、焼き色が見えて使いやすい。魚焼きグリルで焼くから高温で短時間で焼ける。オーブントースターでも使える。
¥3,500（税抜き）
オークス株式会社　https://www.aux-ltd.co.jp/

　ポテトサラダをたっぷり作るのは、翌日のために取り分けておきたいという理由もあります。うちの定番ホットサンドには、ポテトサラダが欠かせないから。前日のポテトサラダにゆで卵を追加して、スクランブルエッグ、チーズといっしょにはさみます。具をたっぷりと盛り盛りにはさんでも、グリルホットサンドメッシュでぎゅっと押さえるとパンが薄くなってサクサクした軽い味わいになるので、ぺろりと食べられます。ホットサンドを作る日は、おつまみをあっさりした和食系ですませて、最後にがっつりシメることにしています。

前の日のつまみが明太子ポテトサラダだったときは必ず作る！

［ダブル卵の明太ポテサラホットサンド］

材料（2切れ分）
- 食パン（8枚切り）…2枚
- 明太子ポテトサラダ（86ページ参照）
　…じゃがいも1½〜2個分
- スライスチーズ…1〜2枚
- ゆで卵（85ページの作り方1参照）
　…1個
- スクランブルエッグの材料
　A　卵…2個
　　　塩、こしょう…各少々
　　　牛乳…小さじ2
　　　マヨネーズ…小さじ2
　　　砂糖…小さじ½
　　　サラダ油…小さじ1〜1½
- マヨネーズ…小さじ2
- フレンチマスタード…小さじ3

作り方

1. スクランブルエッグを作る。ボウルにAを入れて混ぜる。フライパンにサラダ油をよく熱し、卵液を入れて、大きく混ぜて火を通す。

スクランブルエッグもいっしょにはさむと具が盛り盛りに。かくし味のマヨネーズ効果でふんわり。

2. 食パンは、サンドイッチにするときに外側になる面を30秒くらい軽くトーストする。少し焼くと表面がかたくなり、グリルホットサンドメッシュにくっつくのを防止できる。

3. ゆで卵は、大まかに縦4等分に割る。

4. グリルホットサンドメッシュに食パンをのせ、内側の面にマヨネーズとマスタードを塗る。

5. 手前の食パンにでき上がったときに上になる具から、チーズ、スクランブルエッグ、ポテトサラダ、ゆで卵、ポテトサラダ、スクランブルエッグの順に重ねる。

6. もう1枚の食パンを重ね、グリルホットサンドメッシュをとじる。

7. 魚焼きグリルにアルミホイルを敷いて、6を盛りつけたときに上になる面(チーズのほう)から先に焼き、両面に焼き色をつける。

8. 包丁で半分に切る。

重要！
断面からチーズをとろけ出させたいので、ふつうのスライスチーズを使います。溶けるタイプのものはのびるだけです。

↙ 薄く端まで塗りのばして

↙ 具は縁まで広げないで積み上げる

 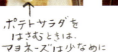 

↑ ポテトサラダをはさむときは、マヨネーズは少なめに

↑ チーズが最初。ゆで卵はまん中に1列。断面を想像して…

↖ たっぷりの具をはさむと、パンが薄くなってサクサク！

↑ パンの両面にこんがり焼き色をつける

↑ 刃元であとをつけて ↑

でき上がり！

↑ 勢いよく押し切り

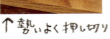

シメのホットサンド コレクション

ふつうの
ポテトサラダを
はさんで

ポテトサラダがたくさんあればスライスチーズといっしょにはさむだけで充分満足な食べごたえに。ポテトサラダがないときは、から揚げやコロッケなどのおかずをはさみます。残ったおかずが何もないときは、スクランブルエッグやゆで卵のマヨネーズあえと野菜やハムをはさんでホットサンドを作っています。

食パンは8枚切り。塗るのはマヨネーズとフレンチマスタード。はさむ順番はでき上がったときに上になる順に。ここで紹介するホットサンドも、書いてある順にグリルホットサンドメッシュにのせてはさんで焼けばおいしくできます。89ページの作り方を参考にして、オリジナルホットサンドを楽しんでいただければと思います。

[チーズオムレツ＆ポテトサラダの
ホットサンド]

パン、マヨネーズ、フレンチマスタード、スライスチーズ、スクランブルエッグ（89ページ参照）、ふつうのポテトサラダ（85ページ参照）、スクランブルエッグ、フレンチマスタード、マヨネーズ、パン。スクランブルエッグでポテトサラダをはさんでオムレツサンドに。

ポテトサラダのホットサンド

ごろごろ
ポテトサラダを
はさんで

カレー味の
ポテトサラダを
はさんで

[ごろごろポテトサラダの
ホットサンド]

パン、マヨネーズ、フレンチマスタード、スライスチーズ、ごろごろポテトサラダ（87ページ参照）、フレンチマスタード、マヨネーズ、パン。ゆで卵は断面からぎっしり見えるよう、パンのまん中に向きを互い違いにしながら並べるのがコツ。

[カレー風味ポテトサラダの
ホットサンド]

パン、マヨネーズ、フレンチマスタード、スライスチーズ（チェダー）、カレー味のポテトサラダ（87ページ参照）、フレンチマスタード、マヨネーズ、パン。写真はスライスチーズを2枚重ねにしました。

前日の残りのトマトソースを使って

[トマトソース入りオムレツの
ホットサンド]

パン、マヨネーズ、フレンチマスタード、スライスチーズ（チェダー）、スクランブルエッグ（89ページ参照）、トマトソース、スクランブルエッグ、フレンチマスタード、マヨネーズ、パン。トマトソースが残ったときは必ず作ります。ケチャップで作ってもおいしいですよ。

オムレツ＆ゆで卵をぎっしりはさんで

[ダブル卵とチーズとハムの
ホットサンド]

パン、マヨネーズ、フレンチマスタード、スライスチーズ、スクランブルエッグ（89ページ参照）、ゆで卵、スクランブルエッグ、ハム、フレンチマスタード、マヨネーズ、パン。スクランブルエッグをゆで卵の上と下にたっぷり入れ、ハムは2枚重ねに。

オムレツ＆ゆで卵のおすすめホットサンド

酢玉ねぎをはさむとパンチのある味に

[卵サラダ＆酢玉ねぎの
ホットサンド]

パン、マヨネーズ、フレンチマスタード、スライスチーズ、ゆで卵のマヨネーズあえ（ゆで卵をマヨネーズであえ、塩、こしょう）、ハム、にんじんのせん切り、酢玉ねぎ（紫玉ねぎの薄切りを調味酢〈市販〉に浸す）、きゅうりの細切り、キャベツの細切り、フレンチマスタード、マヨネーズ、パン。

しんなりしたキャベツがおいしい

[ゆで卵とハムとキャベツの
ホットサンド]

パン、マヨネーズ、フレンチマスタード、スライスチーズ、ゆで卵のマヨネーズあえ（ゆで卵をマヨネーズであえ、塩、こしょう）、ハム、きゅうりの細切り、キャベツの細切り、フレンチマスタード、マヨネーズ、パン。キャベツはせん切りではなく、太めのほうが食感も見映えもいい。

お気に入りのスペシャルホットサンド

インスタグラムで人気のホットサンドレシピを大公開

グリルホットサンドメッシュで作るホットサンドはパンがパリパリ、サクサクの焼き上がりに。パイのフィリングのような具にもよく合います。カロリーは高めだけど、一度食べたら、また作りたくなるお食事系とスイーツ系のおすすめの味を紹介します。

［ベーコンポテトパイ風］

ベーコンポテトパイ風フィリングにゆで卵とチーズをたして

材料（2切れ分）
- 食パン（8枚切り）…2枚
- ベーコンポテトフィリングの材料
  - じゃがいも（ひと口大に切る）…2個
  - ベーコン（ブロック）…50g
  - 玉ねぎ（薄切り）…¼個
  - A（塩、こしょう各少々　固形スープの素1個　牛乳大さじ1　水1カップ）
  - サラダ油…小さじ1
- スライスチーズ…1〜2枚
- ゆで卵（85ページの作り方1参照）…1個
- マヨネーズ…小さじ2
- フレンチマスタード…小さじ3

作り方
1. ベーコンポテトフィリングを作る。ベーコンは2〜3cm角に切る。フライパンにサラダ油をひき、ベーコン、玉ねぎを炒め、玉ねぎがしんなりしたらじゃがいもを加えて炒める。Aを加えて煮る。とろみがついたらじゃがいもを適当につぶす。
2. 食パン2枚にマヨネーズ、マスタードを塗り、チーズ、ベーコンポテトフィリング、ざっくりつぶしたゆで卵、ベーコンポテトフィリングをのせてはさむ。
3. 魚焼きグリルで焼き、半分に切る。

［チョコバナナ カスタード］

材料（2切れ分）
- 食パン（8枚切り）…2枚
- バナナ…1本
- 板チョコレート…1/2～2/3枚
- カスタードクリーム
    - A　卵…1個
    - 　　砂糖…大さじ2～4
    - 　　薄力粉…大さじ2
    - 　　牛乳…1カップ
    - 　　バニラエッセンス…少々
- 砕いたアーモンド…大さじ1

作り方
1. カスタードクリームを作る。耐熱ボウルにAの卵、砂糖を入れて泡立て器でよく混ぜ、薄力粉を加え混ぜ、牛乳も加えて混ぜる。ふんわりとラップをして、600Wの電子レンジで1分加熱する。取り出してかき混ぜ、再度同様に加熱する。これを計3～5回繰り返し、とろみがついたらバニラエッセンスを加えて混ぜる。
2. バナナは5mm幅に切る。チョコレートは、1かけずつに分ける。
3. 食パン1枚にカスタードクリームを塗り、アーモンドを散らし、バナナとチョコレートを交互に斜めにして並べ、カスタードクリームをのせ、アーモンドを散らし、もう1枚の食パンをかぶせる。
4. 魚焼きグリルで焼き、半分に切る。

●具をはさむ前に、食パンをグリルホットサンドメッシュにのせてから具を順に重ねてはさみます。89ページの手順写真を参考にしてください。

板チョコをサンド。
アーモンドがアクセント。

いつも、ありがとう

＜夫へ＞

インスタグラムを始めてもうすぐ3年。改めて思うこと。

「料理のできる男はかっこいい♡」

簡単でおいしいごはんをさりげなく作ってくれる料理男子。できることならそんな人と結婚したかった。

息子たちが家からいなくなって、やる気をなくした時期もあったけど、毎日文句も言わずおにぎりを持って行き、帰ってきたら「おいしかった」って言ってくれる。

適当に作った家ごはんも、ビール飲みながらおいしそうに食べてくれる。だから、明日もまた作るか……ってなる。

かれこれ18年くらい平日は毎日おにぎりを作り続けてきたおかげで「おいしそうなおにぎりですね」って、いろんな人に言ってもらえるようになった。

素直に、うれしい。

「LOVE料理男子」だけど、でも悔しいけど本当のことは知っている。

「誰かが作ってくれたごはんを何でもおいしそうに食べるやつがいちばんモテるんです♡」

＜離れて暮らす息子たちへ＞

インスタグラムで生存確認。毎日欠かさずいいねしてくれてありがとう。

> 好きな順を聞くと、うちの定番ばかり。でも10位の山東菜みたいに、たまたまそのときにあった野菜で作ったものが、新鮮でおいしく感じることもあるらしい。

夫の好きなごちそうおにぎり BEST 10

BEST 1 鮭と天かすのおにぎり
作り方は31ページ

BEST 2 ごま油マヨ味の鮭おにぎり
作り方は34ページ

BEST 3 梅干し天かす大葉のおにぎり
作り方は24ページ

BEST 4 ツナと昆布の炊き込みご飯おにぎり
作り方は79ページ

BEST 5 鮭と塩昆布のおにぎり
作り方は21ページ

BEST 6 鮭と赤しそのおにぎり
作り方は35ページ

BEST 7 鮭と大葉のごま油あえのおにぎり
作り方は34ページ

BEST 8 鮭とわかめのおにぎり
作り方は31ページ

BEST 9 甘辛ツナマヨと大葉の酢めしおにぎり
作り方は64ページ

BEST 10 鮭と山東菜のおにぎり
作り方は35ページ

ごちそうおにぎり ギャラリー

この本の作成中にも、進化形ごちそうおにぎりを投稿し続けています。その一部を紹介します。

鮭とブロッコリーのバターしょうゆ炒め

近所の農家からミニブロッコリーが届いたので、バターしょうゆ味で鮭と炒めてご飯に混ぜました。

鮭と青のりと紅しょうが

近所のおばあちゃん手作りの紅しょうがの色が美しく感激。ほぐした焼き鮭と青のりのおにぎりに混ぜました。

いり卵と天かすと菜っぱ

塩ゆでして塩をパラッとふった菜っぱ、いつもの天かす+めんつゆに、いり卵を混ぜた、最強ごちそうおにぎり。

甘辛ツナマヨセロリ炒め

ツナとセロリの葉っぱをいっしょに炒めてしょうゆ、砂糖、マヨネーズで味つけした、ツナマヨ炒めのおにぎり。

スモークサーモン&セロリ&紅しょうが

セロリの細い茎は切り口がハート形。紅しょうがも同じ形に切って、スモークサーモンと混ぜたらバレンタイン仕様おにぎりのでき上がり。

Tesshi（@tmytsm）

インスタグラムに投稿する、ボリューミーで迫力満点の「ごちそうおにぎり」が大人気となり、フォロワー数11万人超え（2018年3月現在）を誇るデリスタグラマーとして活躍中。この「ごちそうおにぎり」は、だんな様のおべんとう用に毎日作っているもので、具だくさんなのに崩れない絶妙なバランスの秘訣は、おにぎりをにぎり続けて18年（！）の手の記憶です。インスタグラム登場回数の多い「ポテトサラダ」はだんな様のおつまみとして、「ホットサンド」は晩酌のシメとしてよく作るメニュー。

主役は、ごちそうおにぎり
つまみにポテサラ、シメのホットサンド

2018年4月2日　初版発行
2023年11月20日　21版発行

著者／Tesshi（@tmytsm）

発行者／山下　直久

発行／株式会社KADOKAWA
〒102-8177　東京都千代田区富士見2-13-3
電話　0570-002-301（ナビダイヤル）

印刷所／TOPPAN株式会社

本書の無断複製（コピー、スキャン、デジタル化等）並びに
無断複製物の譲渡及び配信は、著作権法上での例外を除き禁じられています。
また、本書を代行業者などの第三者に依頼して複製する行為は、
たとえ個人や家庭内での利用であっても一切認められておりません。

●お問い合わせ
https://www.kadokawa.co.jp/（「お問い合わせ」へお進みください）
※内容によっては、お答えできない場合があります。
※サポートは日本国内のみとさせていただきます。
※Japanese text only

定価はカバーに表示してあります。

©Tesshi (@tmytsm) 2018　Printed in Japan
ISBN 978-4-04-602263-9　C0077